荘子に学ぶ
明鏡止水のこころ

中山 理
Nakayama Osamu

渡部昇一
Watanabe Shoichi

公益財団法人モラロジー研究所

まえがき

私が『荘子』に最初に触れたのは、中学の漢文の時間であった。先生は、曾子はソウシと読むが、荘子にはソウジという読み癖があることを教えてくださった。それを忘れて、大学に入ってから恩師の佐藤順太先生宅をお訪ねしたとき、『荘子』の話が出たが、その折、私はソウシと言って「曾子ではないよ」と直されたことがあった。

こんなことから『荘子』は私にとっていろいろ思い出のある本である。何と言っても中学の漢文で『荘子』の逍遥遊《しょうようゆう》篇の書き出しを読まされたときの驚きは忘れがたい。原文は六、七行のものである。念のためにざっと訳してみよう。

「溟々漠々《めいめいばくばく》たる北海に魚がいて、その名を鯤《こん》と言う。鯤の大きさは何千里あるか分からない。鯤は変化して鳥となる。その名を鵬《ほう》と言う。鵬の背の長さは何千里あるか分からない。この鵬が怒って飛び上がるときは、その翼は天を覆って垂れ下がる雲のようである。この鳥は海が荒れて大風が吹き起こる機会に乗じて、溟々漠々たる南の海に飛んで行こうとするのである。この溟々漠々たる南の海というのは天の池なのである。

斉諧《せいかい》という人は怪異を記録している人であるが、その言うところによれば、鵬が溟々漠々たる南の海に渡るときは、翼で水面を打つこと三千里、つむじ風に羽ばたきして九万里も高いところに飛び上がる。そして一たび飛び立って南に行くときは、半年も飛び続けてから一休みするのである、と」

子供のお伽話《とぎばなし》としても誇大だと思われる。こんな文章が教科書に出てきたとき、漢文の先生がどんな説明をされたか記憶にない。特に説明もなく、次に進まれたのだと思う。

『荘子』というのは、書き出しからこんな途方もないことを書いてある本である。だから、昔の儒学者などは『荘子』を弟子に教えることは稀《まれ》で、時に気晴らしとして自分一人で読む本だったとも言われる。『論語』では、孔子が「異端を攻《おさ》むるは、これ害あるのみ」（為政篇）と言われた。荘子（荘周）は孔子より後に出ているので、これは荘子を意識した言葉ではないが、儒学者から見れば荘子は異端に入るのではないか。

異端と言っても、われわれには関係のない話である。『論語』のような立派な教えではなく、もっと堅苦しくない生き方を示唆する本なのである。受験勉強をカッチリやって、立派な学校を出、立派な官吏や実業家になるのは『論語』のめざす道である。その道を進みながらも、自分の趣味の世界、例えば歌や俳句の世界などに遊ぶのは荘子的であると言えよう。はじめから、世間が「出世の道」と言うものから離れる人も荘子的である。

かつて私は故・谷沢永一先生と、自分の専門外の古典で気に入ったものを取り上げ、自由に語り合って本にすることが何度かあった。『論語』や『孟子』や『徒然草』について、気に入ったところを抜き取って、自分の体験を組み込んで話し合った。しかし谷沢先生のご発病で、『老子』を取り上げたのが最後になってしまった。次は『荘子』の予定だったのだが。

幸いなことに、古典に対して私と同じような接し方を「宜《よ》し」とされる方が現れた。それが中山理先生である。谷沢先生亡き後、この面での同好の士がいなくなったことを残念至極に思っていたときであった。中山先生も漢学者ではない。英文学では国際的な業績を挙げておられるうえに、麗澤大学の創立者の廣池千九郎《ひろいけちくろう》博士の学問を受け継ぎ、和漢の学に造詣《ぞうけい》が深く、関心を持っておられる分野の広い方である。私としては再び谷沢先生のような方とお会いできて、うれしくてたまらない。私は馬齢八十五を過ぎた者であるが、古典を古典らしく読み直したいと思っていた。それで思いがけず若い「相棒」に恵まれた気がしている。

本書の成立には、中山先生の御配慮と、そのスタッフの方々の努力に負うところが大きい。紙面を借りて御礼申し上げます。

平成二十七年九月中浣

渡部　昇一

荘子に学ぶ　明鏡止水のこころ　目次

第一章　とらわれない生き方——逍遥遊篇

第二章　「小知」を超えて——斉物論篇

第三章　生命を養う——養生主篇

第四章　世の中に処する道——人間世篇

第五章　徳に満ちた人——徳充符篇

第六章　「真人」への道——大宗師篇

第七章　リーダーの条件――応帝王篇

装丁――川上成夫

本書において各項の冒頭に掲げた『荘子』の原文と読み下し文は、金谷治訳注『荘子』第一冊内篇（岩波文庫、昭和四十六年）に拠った。

序章　『荘子』は現代に何を語りかけるのか

古典とは人間の本質に迫るものである

中山　今回の対談は『荘子』がテーマですが、その前に古典のありがたさについて、少しばかり押さえておきたいと思います。

私たちは二千四百年以上も前の『論語』などの古典をいまだにひも解き、人生を豊かにする教訓を学んでいますね。文明は格段に進歩しているにもかかわらず、私たち人間の本質的な部分は、まったく変わっていないと言っても過言ではないと思います。いや、むしろ、古代の聖人や賢人のほうが現代人よりも人格的に優れているところがある。

そのような賢人の残した古典を読む意義について、渡部先生はどのようにお考えでしょうか。

渡部　古典とは、ちょうど進化論的な考え方、あるいは素朴な進歩主義的な考え方の反対にあるものだと思います。

進化論的、あるいは進歩主義的考え方では、新しければ新しいほどよいと見なすわけです。ところが人間には、本当に新しければ新しいほどよいのだろうか、というところがある。分かりやすく言えば、和歌は「柿本人麻呂よりも斎藤茂吉のほうがうまい」と言えるのか、俳句は「松尾芭蕉よりも金子兜太《とうた》のほうがうまい」と言えるのか、ということです。そう考えてみると、異論はあるかもしれませんが、進化とか進歩とかとは言いがたい面がある。むしろ昔のもののほうがよいということもあるのが、人間の不思議なところなんですよ。

自然科学的知識から来るものは、どちらかと言えば人間の外側にあるものです。これに対して、古典は人間の内側にあって、進化や進歩とは関係のないところに触れるものなのではないでしょうか。それだけ人間の本質に迫るものである、とも言えます。

中山　そうですね。その人間の内側に目を向けると、私たちは他者との対話や関係性を通して内面的に成長するわけです。その対話の相手は今生きている人だけではない。現代人でも、古代の賢人や聖人と、先生のおっしゃるような人間の本質に迫った対話ができる言語空間がある。それが古典のすごいところですよね。

今回の対談のテーマであるシナの古典の『荘子』にしても、今から二千三百年ほども昔の思想がきちんと現代に伝わっているわけです。内村鑑三は『後世への最大遺物』で、文学とは「鬱勃《うつぼつ》たる思想」を伝えるものだと言っているのですが、まさに古典とは、そういう意味でもありがたいものですね。

自由な抜け道としての『荘子』

中山　それでは本題に入りましょう。そこで誰もが思うのは、「なぜ今、『荘子』なのか」ということですね。手始めに、「現代において『荘子』を読む意義は何か」からスタートしてはどうでしょうか。
まず、荘子（荘周）の生きた時代（紀元前四～三世紀ころ）に遡《さかのぼ》ってみたいのですが、当時は戦国時代の中期で、群雄割拠、春秋以来の弱肉強食の時代ですね。そのように天下を分かつ時代ですから、当時の人々は「勝者とは何か」「敗者とは何か」「覇者とは何か」という人生の究極の疑問と否《いや》が応《おう》でも直面せざるをえなかったのでしょう。荘子もその問題を正面から追究したのだと思います。

思想史的には、春秋時代の思想家である孔子（紀元前五五一～四七九年）を祖とする儒家、春秋時代末期に墨子が創始し、戦国末まで儒家と思想界を二分するほどの巨大勢力を誇っていた墨家、それから老子・荘子らの道家という三大勢力があったと思われますが、それぞれに独自の思想的特徴がありますね。それらの間にどのような思想的な力学が働いていたのか、あるいは綱引きがあったのか、当時の社会や人々の考え方にどのような影響を与えていたか、実に興味深いところです。

価値観の多様化と言われる現代で、いろいろな価値とどう付き合っていくかについてのヒントも、そこらへんに潜んでいるような気がします。

渡部　中山先生が指摘したように、荘子は孔子の約百年後の人ですよね。ですから当時の世の中は、孔子の思想のほうに傾いていたと思います。価値観の多様化という点では、『荘子』という書物は、孔子と対極にある点がおもしろいですね。

中山　『荘子』を読んでみると、孔子とか子貢とか、『論語』の登場人物が実際に出てきますね。

渡部　ところが『荘子』では、孔子を登場させながらも『論語』とは反対のことを言おうとしています。それはやはり、法律であるとか規制に対する反発という面があると思います。

渡部昇一氏

『論語』は、どちらかと言えば統治する側に便利な意見ですね。ところが人間には、別に反乱をしようというわけではなくても、統治されることを嫌う面もあるわけです。『荘子』の思想は、そのような『論語』

に対するアンチテーゼとして出てきたものでしょう。

要するに『論語』は規範的なものであって、そこには国家的な規範もあるし個人の道徳としての規範もあるけれども、そこから外れる面というか、そこに縛られない面も人間にはあるのではないか、という発想です。

『論語』が説くのは人間の表とも言うべき非常に重要な一面ですが、玄関だけで裏口がない家はどうでしょうか。ですから『論語』が堂々たる玄関だとすれば、『荘子』は裏口か縁側か、どこか自由に抜けるところもあるんだよ、という感じで楽しんで読めばよいのだと思います。

中山　その視点からすると、グローバル化の影響でしょうか、現代では、東洋的な人間関係よりも西洋的な法律をよりどころとするリーガル・マインドが「表玄関」になっているような気がします。ところが、日本を含む東洋では、経営発想そのものが西洋的な律法主義になじまない部分がある。

最近の新聞報道で、日本の経常黒字が減っているのは、日本企業が海外でルール違反をして、罰金や賠償金を支払っているからだというニュースがありました。

もちろん、これはコンプライアンスの問題ですから弁護するつもりはありませんが、その背後には、法律よりも人間関係を重視する東洋的な思考も一要因となっているのではないでしょうか。

いずれにせよ、現代社会は、契約や何かに対して、どんどんうるさくなっているわけで、こういうときこそ、そのアンチテーゼとして、『荘子』のような縁側的考えがあると、心のバランスが取れそうですね。

渡部　それに関連して、私個人の経験をお話ししたいと思います。私は若いころ、ハイエク先生という、ソ連の解体につながる理論をつくった経済学者の通訳としてついて回ったことがあるのですが、このハイエク先生は老荘の思想を非常に尊ばれました。

というのは、共産主義社会とは極端な統制社会であるわけです。だから、人間がそんな経済社会の規則ばかりつくっちゃいかん、自然発生的な社会でなければいけないとおっしゃっていました。例えば、お金なんかも誰が発明したというわけでもないでしょう。官僚が法律で縛るような統制社会はいかん、ということなのです。

中山　そもそも老子の共同体の発想は、自然に依存する農耕社会ですよね。荘子もそこから派生しているわけですが、荘子の場合はそれ以上に自由になって、さらに個人主義的な世界で遊ぶというところまで突き進んでいます。そういう意味でも、政治とはちょっと距離を置いた世界ですね。

渡部　みんながこういう発想になったら、政治も何もなくなるんですけどね。ただ、そのがんじがらめの社会に住まざるをえないときでも、こういう思想を持ち続けるということが、やはり息抜きというか、社会の弾力にもなりますし、こういう人が多くいれば、法律も過剰にはならないわけです。

中山　法律に縛られている側から見れば、律法主義の筋書きとは違うストーリー、あるいはナラティヴ（物語）を持つことだと言い換えてもいいと思います。例えば、精神的に何かで苦しんでいる人、あるいは悩みを抱えた人に対する精神療法として、ナラティヴ・セラピーというのがありますね。本人が思っていた人生の否定的な物語（ナラティヴ）に対して、別の肯定的な物語があることに気づかせる。そうすることで、人生の苦しみを今までとは違う肯定的な意味の文脈へと関係づける療法です。悩んでいることに意味を持たせることができれば、心が救われるわけですね。

『荘子』の物語にも、今のお話にあった過剰な法律の束縛に対する癒《いや》しとしてのナラティヴの側面があるように思います。

「水玉研究者」になってはならない

中山　法律の過剰化に限らず、現代社会は、知識と物の極大化をめざす「知識基盤社会」と言われますよね。知識が増え、物質的に豊かになったのとは裏腹に、精神的な希薄性やアノミー（無秩序状態）が見られるのは、なぜでしょうか。

それに輪を掛けるように、今は情報化の時代です。情報が洪水のようにあふれています。私たちが一日に入手できる情報量は、一説には江戸時代の人々の一生分だとも言われています。一見して、われわれはＩＴ技術を駆使し、情報を使い

中山　理氏

こなしているように見えます。

しかし、ラインやメールでのやりとり一つとっても、膨大な情報処理を短時間で行うことを要求され、ちょうど『不思議の国のアリス』の白ウサギのように「時間がない！」と言ってその作業に追われる毎日を送っているのではないでしょうか。自分では「自律的」に情報を使いこなしているように思っていますが、実はそれは錯覚で、現実には「他律的」な情報に振り回されているという面がある。

『荘子』を読んでいると、そもそもそうした「人間の知識」が果たして確固としたものと言えるのかという根本的な問いを、われわれに投げかけているように思えるのです。その意味では、これも一種の「知に対するアンチテーゼ」と言えるのではないでしょうか。

渡部　おっしゃるように、現代の知識は膨大になっています。ところがそれは、だいたい専門家が小さい知識を集めているだけなのです。つまり、膨大な知識があるように見えても、きちんとしたものは意外に少ないということです。

中山　確かに近年の歴史研究の例を見てもそう言えそうですね。

最近、渡部先生の監修で私が訳させていただいた『原勝郎博士の「日本通史」』（祥伝社、二〇一四年）という本があります。原著は一九二〇年、外国人向けに英文で書かれた歴史的名著ですが、これ以降、「日本通史」というのは渡部先生がご自身でお書きになったものを除くと、ほとんど出ていないようです。

渡部　かえって専門家はそのようなものが書けないのです。というのは、歴史的事実は無数にあるわけです。だから、新聞を毎日毎日積み上げていけば一番いい歴史の本になりそうに思えるけれども、そうはならない。

これはイギリスの批評家であるオーウェン・バーフィールドという人が指摘し

たことですが、歴史的事実は雨上がりの空にある無数の水滴のようなものであって、そこで美しい虹を見るためには、適当な方向と距離が必要なのです。虹に近づきすぎても見えなくなるし、また水滴の一つ一つをいくら調べても、虹は見えません。

要するに、細かな知識を研究する「水玉研究者」は今、たくさんいるけれども、虹を見ようとする人が少ない。虹を見るためには、小さい事実ばかりにこだわるのではなく、荘子的な心構えが必要であるということだと思います。

中山　知識が分散化する現代であるからこそ、大局的に物を見る態度が必要ということですね。

心を楽にする思想

中山　先ほどの話にも関連しますが、今、現代人は時間の切迫性によるストレスにとても悩んでいるように思います。これは日本だけでなく、世界的な現象のようですね。

例えば、二〇二〇年には、うつ病が第二の「健康的な生活を妨げる負荷」になるというWHOの未来予測があります。今までうつと言えば、中年後半の病気でしたが、現在では二十代中ごろでも発症し、十代で患う例も少なくないそうです。不幸感、憂鬱、不安感が、これまで以上に私たちの一般的な精神状態になるのではと警鐘を鳴らしています。

限られた時間の中で「水玉」だけを追い掛けることに心を奪われ、大きな虹を見ようとしないと、精神的なストレスは増すことはあれ減ることはないでしょう。これを克服するには、やはりわれわれの認識の仕方、人生に対する見方を変える必要があるということではないでしょうか。

渡部　私は今、あらためて『荘子』を読んで、こういう思想はどうして出てくるのだろうかと考えてみると、突飛な話のようではありますが、人間の生死の問題と関係があるのではないかと思います。というのは『荘子』の考え方は、臨死体験をした人の世界観と似ている気がするのです。

中山　なるほど。それは興味深い指摘で、死の思想と荘子は切っても切れない関係にありますね。なぜなら、シナで死の問題を正面から論じた最初の思想家が、ほかならぬ荘子だったからです。その後、仏教が伝来し、その役割を演じることになりますが、それまでは荘子が死の哲学を担当したと言ってもよい。

荘子の中心的思想に「万物斉同《ばんぶつせいどう》」というのがありますね。それを人生に置き換えると、幸不幸の区別もなくなってしまうんです。これは死を含めて、運命をあるがままに受け入れよということで、この視点に立てば、生と死の区別もないことになる。

渡部　ええ、そこがポイントです。鈴木秀子さんという方がご自身の臨死体験についてお書きになっていますが、生と死の区別がなくて、本当に宇宙に遊んでいるような感じですね。この方は聖心女子大学の元教授で、聖心会のシスターですから、嘘《うそ》を書いているわけはないと思うんですが。

それから、千日回峰行《かいほうぎょう》という荒行を成し遂げた大阿闍梨《だいあじゃり》の講演を聞いたことがありますが、この方もそういう感じでした。まだ若い方でしたが、約千人が集まる大きな会場にその方がしずしずと入って来ただけで、その場の雰囲気がサーッと変わるんです。

回峰行というのは、やり損なうと死ぬわけですよ。死ぬか、最後まで成し遂げるかのどちらかです。話を聞いてみると、これはまさに臨死体験ですね。そういう体験をすると、やはり荘子みたいな感じになるのではないでしょうか。荘子は臨死体験をしたわけではないでしょうが、一種の思想として、そういう境地が示されています。

われわれは日々、意識に満ちているわけですが、時に臨死体験のごとき意識を放下《ほうげ》したような境地から世の中を見るということが重要だと思います。しかし、われわれはそう簡単に臨死体験をするわけにはいきません。そのあたりを、荘子はたいへん明快な言葉で、たくさんの比喩《ひゆ》を引いて説いてくれています。

中山　『史記』を書いた司馬遷もその点に注目し、荘子に触れて「おおむね寓《ぐう》言《げん》なり」と言っていますね。

渡部　寓話みたいな話がたくさんついているので、分かりやすいですね。

死をも恐れることはない

中山　死に関しては、西洋にもdeath studiesとかthanatologyとかいう学問領域があります。ところが、日本ではそれを直訳して「死学」とか「死亡学」とは言わずに、「死生学」と言い、「生」が入っているのです。ここに「死と生は不可分である」という、東洋思想の特徴、あるいは荘子的なものが感じられます。

西洋で死生学の問題を考えるとき、避けて通れないのは臨床医学を基軸とする臨床死生学でしょう。ところが人の死は、とても医療の領域内だけでは収まりきらない難題なのです。例えば、イヴァン・イリッチは『脱病院化社会――医療の限界』（一九七五年）で、現代人の死が現代医療システムの技術管理下に置かれているという惨状を指摘しました。生死の問題は、本来は患者自身の問題であるはずなのに、医療システムの中だけで判断され、処理されているという点ですね。

言うまでもなく、専門的な医療の知見だけで自分の生死の問題が納得できるかというと、なかなか納得できるものではない。それはどうしてかと考えてみると、これは医者という第三者が見る「第三人称の死」なんですね。

例えば、卑近な例でその問題点を誇張すると、私の病状を診察した医者が「あなたは余命何か月です」と言ったとしましょう。しかし穿《うが》った見方をすれば、訴訟社会では、万一それより早く亡くなってしまうと、誤診ではないかと訴えられる可能性もなきにしもあらずです。そうすると、短めに言っておいたほうが安全だという心理が働かないとも限りません。

もちろん、これは極端な話かもしれませんが、生死の定義を左右するのは第三人称の医者の医学的知見というよりも、第一人称の患者本人の人生哲学や宗教観であるべきではないか、ということを申し上げたいのです。イリッチが言うような死の「医療化」が進行すると、私たちの人生が非常にむなしいものになる危険性をはらんでいるわけです。

渡部　死生学は、医療の分野だけでなく、人文学の広い基礎と結びついてこそ意味があるということですね。

中山　はい。しかし、それでも依然として現代特有の問題が残っています。それは、死のむなしさを克服する文化装置を、果たして現代人は持っているのかという問題です。

また西洋の話で恐縮ですが、イギリスの文化人類学者ジェフリー・ゴーラーは、『死と悲しみの社会学』（一九六五年）で、葬式などの死に関わる儀礼や文化が、現代人にとって疎遠になっていると述べています。また、フランスの歴史家フィリップ・アリエスの『死と歴史』（一九七五年）や『死を前にした人間』（一九七七年）などを見ても、生きがいの消失や命の尊厳への感受性の弱体化など、従来の死生観が説得力をなくし、心理的欠乏症を患う現代人の姿が読み取れます。この点は、日本も同じでしょう。

もちろん、死のむなしさは、いつの時代も死そのものに内在するもので、生の連続性がなくなることから来るものです。われわれは今ここにいて、現在を生きているけれども、死んだらすべてが消滅してしまう。そこに存在の不連続に対する不安感や恐怖感が渦巻いているわけです。現在、自然葬が注目されたり、「千の風になって」のような歌が人気になったりしたのは、自然との一体化によって生死の連続性を確保したいという私たちの願いの表れかもしれません。

その点、『荘子』の死生観はスケールが壮大です。荘子にとって、生死とは一つの「気」の集散にすぎない。万物は絶えず変化して変わっていくものであって、「気」が集まったら生になり、「気」が分散したら死となる。それを繰り返すのが宇宙であり、われわれはその一部でしかない。それは春夏秋冬、四季の移り変わりが繰り返されるのと同じであるとするわけです。

渡部　それとの関連ですが、荘子はよく夢の話をしますね。有名なところでは、自分は蝶になった夢を見たという話です。

中山　有名な「胡蝶《こちょう》の夢」ですね（斉物論篇《せいぶつろんへん》）。

渡部　自分は蝶になって、非常に楽しく飛び回っていた。それがふと目を覚ますと、荘周という自分であった。そこで「蝶だったのが本当だろうか、今が本当だろうか」と考えるわけです。

死後の生活というのは、要するに夢みたいなものの連続かもしれませんよということで、荘子は死も生も相対化するんですね。

中山　それと共に、荘子は死後の世界が決して恐ろしいものではないということを示すために、とてもおもしろいたとえ話を紹介していますね。それは、麗姫《りき》という非常に美しい女性が晋《しん》の国へ連れて行かれてしまう話です。最初、この女性は連行されたことが本当に不本意で嘆き悲しんでいたけれど、実際に行ってみたら、王宮内にはすばらしい調度品や寝台が並び、牛や豚の珍味も出てくるなど、待遇がすばらしく、「なぜあのときはあのように悲しんだのだろう」と思った、と言うんですね（斉物論篇）。言うまでもなく、晋の国への連行は、死のたとえです。

渡部　私たちは死ぬのは悲しいことだと考えますが、行ってみたら、案外向こうの世界は楽しいのかもしれませんよ。そうしたら「どうしてあんなに死ぬことを嫌がったのだろう」と思うのでしょうね。

中山　そう考えると、死後の世界っていうのは、案外いいものかなと思えてくる。その証拠に、今まで誰も嫌で帰ってきた者がない（笑）。

私たちはえてしてこちら側からしか死後の世界を見ていないというか、荘子のような逆転の発想ができていないところがありますね。想像をたくましくして、向こう側からこちらを見れば、また違うかもしれないという発想ですよね。

渡部　人は死に至ると、苦しんだ人もみんな楽しそうな顔をすると言われます。確かに自分の父親が亡くなったときのことを考えても、最期はやはり、本当ににこやかな顔でした。もしかしたら、自分より先に死んだ妻、私の母と会っていたかも分かりません。

死を恐れないための方法はいろいろあると思いますが、一つには、こういうふうに自由に考えることが重要ですね。

中山　実は私も、あちらからお迎えが来るときは、母親が笑顔で迎えに来てくれるのではないかなどと想像したりすることがありますね。固定した考え方を持たないで、フレキシブルに考える。また、科学的根拠はないとしても、霊魂の不滅も含めて、いろいろな考え方を排除しないということでしょうか。

渡部　ええ、そうすれば、非常に慰めになるわけです。

断片を味わう

渡部　この本は英語学者と英文学者であるわれわれが、専門外のシナの古典である『荘子』について語り合おうという趣旨であるわけですが、ここでもう一つ、古典の味わい方として考えておきたいことがあります。

私はかつて、中学校の漢文の授業で『荘子』の「逍遥遊篇《しょうようゆう》」に出会って、おもしろそうだからもっと読んでみようと思ったのですが、『荘子』というのは非常に難しい漢文です。専門家として一生それに関わるつもりならともかく、そうでない人にとって、『荘子』のすべてを読み解くのはなかなか大変なことです。

しかし、私はむしろ断片を味わうということが重要だと思うのです。というのは、パスカルの『パンセ』の例があるからです。

パスカルという人はたいへんな天才で、それこそ数学の天才であり、実験物理学の祖であり、偉大な哲学者でもあります。しかも非常に記憶力がよくて、自分の頭に一度浮かんだ思想を忘れるようなことはない、という人だったようです。ところが晩年は病気のために記憶力が落ち、せっかくいいことを考えついても忘れてしまうようになったのです。

そのころのパスカルは、当時の無神論者に対抗して、キリスト教の護教論を著したいと考えていました。そこでアイディアが浮かぶたびに紙に書きとめていって、最終的にはこれをまとめて本にするつもりだったらしいのですが、果たすことができずに亡くなって、アイディアが断片のままで残ってしまいました。

そのためパスカルの死後、数年経ってから、友人たちがこれを本にしたわけです。ところがもとが紙切れですから、どういう順番で並べるのが正しいかは分からず、だいたいのところで並べたのでしょう。そうすると、後世の研究者は「いや、こういう並べ方のほうがいい」などと言って、いろいろな議論が起こるのですが、われわれにとってありがたかったことは、パスカルの思想が断片で残ったことなのです。あれが『キリスト教護教論』なんていう体系的な厚い本だったら、難しくてとても読めなかったと思います。

中山　なるほど、確かにそういった面もありますね。

私の専門のイギリスの詩人ジョン・ミルトンも、聖書を引用してキリスト教の教義をラテン語で理路整然と解説した『キリスト教教義論』を残しています。大学院時代に英訳版をもとにして、すべて邦訳したことがあるのですが（未出版）、思想的、神学的な興味がない限り、これを読みこなすのは大変ですね。

渡部　その点、パスカルはばらばらに書いて、断片で残してくれたおかげで、われわれは「繊細なる精神と幾何学的精神」という、はっとさせられる思想に触れたり、「クレオパトラの鼻が低かったら世界は変わっていただろう」とか、「人間は考える葦《あし》である」といった記憶に残る言葉を味わったりすることができるわけです。「信仰とは賭《か》けである」という言葉も、体系的に書かれたものだったら影響力はなかったでしょうね。

そういうことで、体系的に書かれた書物は専門家が読む分には結構ですが、一般の人には断片というのがありがたいと思うのです。言ってみれば、『論語』も断片ですよね。『儒学概論』なんていう本があっても、ちょっと読めなかったと思います。特に古典は、断片でなければ本当に近づき難いものです。

中山　おっしゃるとおりで、先ほど先生が引き合いに出されたパスカルの言葉、「繊細なる精神と幾何学的精神」の分離という言葉一つをとっても、実に味わい深いですね。ごく短い言葉だけれども、これだけで「近代科学成立以前は科学と倫理が深く結びついていたが、十七世紀に宗教による科学の迫害が起こり、その結果、科学の脱倫理化が起こった」という歴史的事実を見事に言い表しています。それも心に響く言葉によってです。キリスト教と言えば、新約聖書も断片ですね。

渡部　ええ。例えば「汝《なんじ》ら、明日を煩《わずら》うことなかれ」という、その一節を覚えているだけで、力強く生きていくことができるのです。

そういうことで、われわれも『荘子』の断片を楽しんでみませんか。

中山　そうですね。それでは『荘子』の断片を味わいつつ、その断片に内在する精神的価値というものを論じていくことにしましょう。

第一章　とらわれない生き方——逍遥遊篇

世俗を超越した自由な発想

中山　『荘子』という書物は、四世紀に晋《しん》の郭象《かくしょう》が定めたテキストが現代に伝わったもので、「内篇」の七篇と「外篇」の十五篇、「雑篇」の十一篇で、計三十三篇から成ります。ただし、その全篇が荘子（荘周）の著作であるかというと、どうもそうではなくて、後世の人が書き加えた部分も多く含まれるようです。

その中でも「原荘子」とでも言うのでしょうか、荘子本人の思想を最もよく伝えるものとして、およそ学者の意見が一致するのが「内篇」の七篇です。特に「逍遥遊篇《しょうようゆう》」と「斉物論篇《せいぶつろん》」の二篇は、荘子の思想の神髄と見なされています。今回は、この「内篇」の七篇だけに焦点を当てていきたいと思います。

渡部先生は以前、谷沢永一先生との共著で『老子の読み方――五千言に秘められた「きらめき」をどう拾い上げるか』（ＰＨＰ研究所）という本を出版されていますが、『荘子』の場合も多くの寓話《ぐうわ》の中から「きらめき」をどのように拾い上げるかが重要ですね。現代人にとっての生きるヒントを拾い上げて、われわれの頭の中で知の再構築をするきっかけにしたいと思います。

まずは「逍遥遊篇」ですが、ここで考えておきたいのは「遊ぶ」とは何かということです。

かつてオランダの歴史学者ホイジンガは「ホモ・ルーデンス」という言葉を使い、遊戯が人間の活動の本質だとする人間観を打ち出しました。ところが、ホイジンガは「シナ語には〝遊び〟一般を表す言葉がない」と述べているんですね。しかし『荘子』を読むと、「聖人は遊ぶ所あり」（徳充符《とくじゅうふ》篇）とか「天地の一気に遊ぶ」（大宗師《だいそうし》篇）というように、「遊ぶ」ということが出てきます。こんなことを言っては失礼ですが、ホイジンガは『荘子』を読んでいたのだろうか、と思ってしまうんです。

渡部　おそらく読んでいないでしょうね。

中山　そうだとしたら、両者の「遊び」の思想を比較すれば、西洋と東洋の違いがよりはっきりするかもしれません。いずれにせよ、ホイジンガの思想の特色は、「遊び」は文化を生み出す根源だという点と、「遊び」そのものにおもしろさがあるという点にあります。

これに対して、荘子の言う「遊び」はもっと根源的なもので、何事にもとらわれない、自由な境地に心を遊ばせることを意味しています。あるいは、世間的な知識と言葉の描く現実界を離れて、人間の真の自由と独立を可能にする無の世界に向かって精神を飛翔させることと言ってもよいかもしれない。その意味で、荘子は「遊びの哲学」を東洋で最初に打ち立てた人と言うことができますね。

渡部　ええ、荘子の「遊び」はある種の「精神の飛翔」と言えるでしょうね。昔も今も、人間はいろいろなものに縛られているわけです。ある意味では肉体が人間を縛っていて、プラトンが言ったように「人間が死ぬときには魂が肉体から解放される」という考え方もあります。

荘子の場合も「束縛から離れて自由になる」という発想がありますね。ここで語られる内容も、非常に自由なものです。

「逍遥遊篇」の冒頭は中学校の漢文でも習いましたが、「北冥《ほくめい》に魚あり、其《そ》の名を鯤《こん》と為《な》す。鯤の大いさ其の幾千里なるかを知らず」とある。そんな魚は、現実にはいるわけがありません。しかもここにある「鯤」という字は、もともとは魚の子という意味です。その字を使いながら「幾千里なるかを知らず」と言っているわけです。

この「鯤」が変化して「鵬《ほう》」という鳥になるのですが、これについても「鵬の背、其の幾千里なるかを知らず」とある。この「鵬」という字の意味も、元来はスズメみたいな小さい鳥ですから、ものすごい逆説になっているわけです。でたらめですよね。

ですから、私も漢文の時間に習ったときは「変な話だな」と思いましたが、考えてみると、そういう発想ができることが精神の「遊」なのです。

中山　それでは「逍遥遊篇」の中から「きらめき」を感じさせる名文を順に拾っていきましょうか。

夫水之積也不厚、則其負大舟也無力。……風之積也不厚、則其負大翼也無力。

夫《そ》れ水の積むや厚からざれば、則《すなわ》ち其《そ》の大舟を負《の》するや力なし。……風の積むや厚からざれば、則《すなわ》ち其《そ》の大翼を負《の》するや力なし。

人間としての器

中山　これは、先生がおっしゃった「鵬」の話の続きにある一文です。「そもそも水に十分な深さがなければ、大きな船を浮かべるには堪えられない。同じように、風の集まり方が十分でなければ、大きな翼を乗せるには堪えられない」というほどの意味です。

渡部　水が厚くなければ大きな船は浮かばないし、風が厚くなければ飛べないというのは、当たり前のことのように思えますが、それは言われてみて初めて分かることです。この言葉は比喩《ひゆ》ですから、至るところに応用が利きます。

例えば、資本金がなければ大きな仕事はできないとか、あるいは、人格者ではない人が塾をつくってもはやらないとかね。

中山　私としては、それを応用して、人間としての器量を大きくすること、広くて深い心を持つことの大切さを言っているると考えたいですね。心が広ければ、そこに大きな船を浮かべることができ、創造力が湧《わ》いてくるのではないでしょうか。

知識もそうですね。学生が修士論文などを書くときは、えてして本当に細かいところを深く掘り下げようとしがちですが、結局は的を外したところを掘っている場合も少なくありません。大所高所から見るとまた違った風景や、これまではまったく考えもしなかった側面が見えてくるものです。

やはり人間は、知識も人格も深くて幅が広くないと、大きなものを乗せることはできないんだな、という感じがします。

渡部　そうですね。

原文では、この前後にいろいろと難しい話もありますが、『荘子』を読むときは、まずここだけを断片として味わうということでもよいのです。

擧世而譽之而不加勸、擧世而非之而不加沮、定乎內外之分、辯乎榮辱之竟。

世を挙げてこれを誉《ほ》むるとも勧《はげみ》を加《ま》さず、世を挙げてこれを非《そし》るとも沮《くじけ》を加《ま》さず、内外の分を定め、栄辱の竟《きょう》を弁ず。

盛時には驕らず衰時には悲しまず

中山　これは、宋栄子《そうえいし》という人物について語った一文です。「世のすべての人に褒められても、そのためにさらに励むということもなく、世のすべての人にそしられても、それにがっかりするということもない。内なる自分の心と外界の事物との区別をはっきりと立て、栄誉と恥辱の境界を区別している」とあります。

人間は褒められると調子に乗って、つい必要以上に張り切ってしまうものですが、そんなに励むな、勇むなというのは、非常にいいアドバイスですね。

また、人にそしられても意気消沈するな、とあります。人は自分の感情に合ったときは褒めるけれど、合わないときはけなすものです。相手の言うことが事実のすべてを言い尽くしているわけではありません。これも実際的な考え方ですね。

渡部　この言葉だけ覚えていても、人生はずいぶん生きやすくなります。成功した人も、成功に驕《おご》ってはいけないというふうに反省すべきだし、成功し損ねた人も、どうってことないじゃないか、と考えればいい。

中山　そこで思い出すのが、私が学長を務めている麗澤大学の創立者・廣池千九郎《ひろいけちくろう》（法学博士、一八六六〜一九三八年）の「盛時には驕らず衰時には悲しまず」という格言です。人間、調子がいいと驕ってしまいがちだけれど、調子がいいときほど気をつけなければいけないとも言えるわけですね。一方、調子が悪いときでも、逆に「ピンチはチャンス」と考えれば、悪いと思った状況が自分を成長させ、その結果としてプラスの効果をもたらすということがあるかもしれません。

渡部　私の場合、世を挙げて褒められることはあまりないのですが、世を挙げてけなされることはよくありました。

中山　世を挙げてけなされるとは、ただごとではありませんね。そういうときは、どのように受けとめられるのですか。

渡部　やはり、こういう短い古典の言葉に行き着くんですね。『孟子』もありましたけれど、聖書の「汝《なんじ》ら、明日を煩《わずら》うことなかれ」もいいと思います。

あるときは、私を批判する団体の人たちが、大学の授業にまで押しかけてきたこともあります。

中山　それは、いまいましき授業妨害ですね。学びの場を何と心得ているのでしょうか。大変だったでしょう。

渡部　ええ、それも毎日、毎時間ですよ。すべての授業時間にやって来たのです。そのとき心に浮かんだのは「風、疎竹《そちく》に来たるも、風過ぎて竹に声を留めず。雁《がん》、寒潭《かんたん》を度《わた》るも、雁去りて潭《ふち》に影を留めず」という、『菜根譚《さいこんたん》』の一節です。風が竹林に吹き込んでも、風がやめば静かなものである。雁が澄んだ水を飛び越えれば水面に影を落とすが、通り過ぎてしまえばそこに影がとどまることはない、と。

たとえ授業を邪魔されたとはいえ、家に帰る前には平静な気持ちに戻っていたいと思って、ひたすら「雁寒潭、雁寒潭」と自分に言い聞かせました。

中山　そのような暴挙は、どのくらい続いたのですか。

渡部　だいたい四か月ぐらいでしたね。若いころにしてはよくやったなと自分でも思うのは、私が家の外でそういう仕打ちを受けていることに、寝室を共にする家内がついに気づかなかったのです。「あいつらはもう帰った、雁寒潭、雁寒潭」とやって、心が静まってから家に帰るわけですから。

中山　まさに「世を挙げてこれを非《そし》るとも沮《くじけ》を加《ま》さず」ですね。

渡部　だから本当に短い言葉こそ、生きる力になることがあるのです。

至人無己、神人無功、聖人無名。

至人《しじん》は己《おの》れなく、神人《しんじん》は功なく、聖人は名なし。

世間の評価にとらわれない

中山　これも宋栄子《そうえいし》に続き、荘子以前の思想家である列子を紹介した箇所を締めくくる一節です。

「至人《しじん》」というのは最高の人のことですね。「最高の人には私心がなく、神的な人は功績を求めることがなく、聖人は名誉を求めることがない」と。

現実を見ると、人間には利己的なとらわれがあって、なかなかそういう境地に至りませんが、荘子に言わせれば「名誉なんてくだらないもの」ということなのでしょう。聖人とはそういうものを超越した存在で、これがめざすべき境地なのでしょうね。

ここを読んで思い出したのは、『論語』の「意《い》なく必《ひつ》なく固《こ》なく我《が》なし」（子罕篇）という一節です。孔子の人格を弟子が称えて言った言葉ですが、「意」というのは自分の主観だけの判断、「必」は自分の考えを無理に押し通すこと、「固」

は一つの判断に固執すること、「我」は自分の立場だけで考えることですね。孔子にはそういうものがなかったということですから、この『荘子』で述べてある「至人」というのは、孔子の人物像とも似通ったところが結構ある気がします。

ところで、渡部先生ご自身は名誉についてどうお考えですか。先生はお若いころにすでに博士号を取得されたりとか、最近では叙勲も受けられたとうかがっていますが。

渡部 そうですね、若いころは、やはり威張りたい気持ちもありました。ところが、先ほどの話のように世間でたたかれたりもするうちに「どちらにしても、そんなものは関係ないな」という気持ちになってきたのです。

中山 それは大きな心境の変化ですね。その一方で、一貫して求めてこられたものもあったのではと想像するのですが、いかがですか。いわゆる『論語』で言うところの「一《いつ》以《もっ》て之《これ》を貫く」（里仁篇・衛霊公篇）ですね。それは、やはり学問でしょうか。

渡部 正確に言えば、学問というよりは「自分のやりたいこと」です。

私は若いころから英文法に関心を持っていましたが、あるとき恩師からベン・ジョンソン（シェイクスピアより八歳若いイギリスの詩人・劇作家）の全集を見せていただいたら、その中に彼が書いた英文法書があったのです。難なく読めるかと思ったら、これが最初から分からない。それで、英文法というのは誰が書き始めてどのように発達したのかを知りたいと思うようになりました。

ところが、当時の上智大学にはこれを指導してくれる教授はいませんでしたし、恩師の紹介を得て他大学の教授にも尋ねたのですが、日本には英文法史に通じた人がいないということが分かったのです。

修士論文を書いた後にドイツへ留学したのですが、あちらは英語学、言語学の本場でしたね。すでに研究を始めている人もいました。その論文の存在を教えられたことから始まって、私自身も三百ページの論文を書き上げたのですが、不思議なことに、イギリスにもアメリカにも、英語で書かれた英文法史というのはゼロだったのです。論文もなければ、本もありません。私は自分の知りたいことを追究していただけなのですが、とてつもない宝の山に遭遇したわけです。

そういう体験もあるものですから、「私は自分の興味に従っていればいいんだ」と思うようになったわけです。ですから構造言語学がはやろうと、チョムスキーがはやろうと、「それはそれで結構ですが、私はやりません」と思っていました。

中山　他者に惑わされず、自分の進むべき道を見つけて進んでこられたわけですね。端から見ると、それは非常に恵まれたことであるように思えます。

渡部　まあ、きっかけは偶然の出会いだったのです。逆説的ですが、指導教授がいなかったことも幸いしました。

中山　周囲の条件がそろっていなくとも、それがプラスに働くことがあるということですね。自分の進むべき道として、地位や名誉を目標に掲げる人もいますが、そのような外発的動機づけよりも、「自分のやりたいことをやる」という内発的動機づけのほうが、いかに効果があるかがよく分かりますね。

究極的には、荘子も言うように、私心や功績や名誉を求めない「至人」「神人」「聖人」の境地をめざしたいものです。

時雨降矣而猶浸灌、其於澤也不亦勞乎。

時雨《じう》降るに而《しか》も猶《な》お浸灌《しんかん》す、其《そ》の沢《うるおい》に於《お》けるや亦《ま》た労ならずや。

余計な欲望を抱かない

中山　これは儒家が理想とする聖天子の堯《ぎょう》が、許由《きょゆう》という隠者の人となりに感じ入り、天下を譲りたいと申し出たときの言葉です。堯は、許由ほどの人格者をさしおいて自分が天下を治めるのは無駄骨だということを言うための比喩として、この言葉を用いています。「季節にかなった雨が降っているのに、さらに水をやって潤そうとするのは、何という無駄骨でしょうか」というほどの意味でしょうか。

渡部　ええ、こういう短い言葉は、いろいろなところに適用できるからおもしろいのです。

例えば、事業でも株でも、ある程度儲《もう》かったら、後はやめて悠々と遊べばよいのです。もっと儲けようとして、実際に成功する人もいますが、そこから失敗してすってんてんになる人もいる。だから、いい雨が降っているときに余計なことをするなということも、大いにあるんですよ。

中山　そうですね。この『荘子』のエピソードでは、世俗的な天子の位を望まない許由は、堯の申し出をそっけなく断ってしまうのですが、堯の自己認識には学ぶことがあるように思います。

それは廣池千九郎の格言にある「無用の力を省き需用に応ず」ということです。私たちは何か事があると後先を考えず、資金や労力などをすべて一か所に集めて突っ走る傾向がありますが、そのような行動は、かえって無駄骨に終わることが少なくありません。社会や世界にとってもっと有用な仕事があっても、それに注意が向かないのですね。

つまり、余分な欲望を抱かずに、ブレーキをかけて、もっと大きなことに力を注いだほうがよいというアドバイスにもなりますね。

渡部　世の中には余計な事業をして失敗する例が意外に多いのです。

鷦鷯巣於深林不過一枝、偃鼠飲河不過滿腹。

鷦鷯《しょうりょう》は深林に巣《す》くうも一枝《いっし》に過ぎず、偃鼠《えんそ》は河に飲むも腹を満たすに過ぎず。

「本当に必要なもの」は取るに足りない量

中山　これも先ほどの続きで、堯《ぎょう》の譲位に対し、隠者の許由《きょゆう》が「私が天下を譲られたところで何もすることがない」と答えた一節の中の言葉です。

鷦鷯《しょうりょう》とは、ミソサザイという小さな鳥ですね。偃鼠《えんそ》はモグラモチです。「ミソサザイは深い林の中に入って巣をつくっても、わずか一枝で十分である。モグラモチは大きな川で水を飲んでも、その小さな腹をいっぱいにするだけだ」と。すなわち自分は今の境遇を楽しんでいるので、天下は言わずもがな、何もいらないということのたとえですが、これも小さな喜びを十二分に味わうことができれば欲張る必要などない、というアドバイスに応用できますね。

渡部　日本のことわざにも「立って半畳、寝て一畳」とありますね。年を取ってみると分かりますが、おいしい物がいくらあっても、自分ではそんなに食べることはできませんよ。

中山　私も還暦を過ぎてから、そのことを痛感しています。食べたら食べたで太りすぎたり、メタボリックになったり、生活習慣病の元凶になる。昔から「腹八分目」とはよく言ったものです。

渡部　食べ物もそうですが、着物にしても、たくさん持っていたって、そんなに着られるわけはないですよ。だから、私はあえて妻の父親から相続したワイシャツを着ていたりします。別に新しいワイシャツを買うお金がないわけではありませんが。

旅行すると言っても、若いころなら楽しいけれど、年を取ったら飛行機なんて、もうたくさんです。飛行場というのは、どこへ行ってもたくさん歩かなければならないというのもありますね。

中山　それには同感です。年齢によって興味も変わりますし、体力的なものもありますから、いつまでも若いころのようにはいきませんね。

さらに年齢に関係なく、人間には知覚の変化や生理学的な変化にすばやく慣れてしまう心理的傾向があります。心理学者はこれを「快楽順応」と言うそうですが、当初は心地よいことでも、そう思えるのはごく短い間だけなのです。

先ほどの飛行機の例で言えば、今までずっとエコノミークラスだった人が初めてビジネスクラスに乗るときは、すごく感激しますよね。

渡部　それはもう、感激でした。

中山　でも、贅沢《ぜいたく》な話ですが、何度も乗っているうちに、それにも慣れてくるわけです。もちろん、一度ビジネスクラスに乗ると、長時間の旅行ではもう二度とエコノミーを使いたくなくなるということはあるでしょう。しかし、しばらくすると、ビジネスクラスに乗っていることをあまり意識しなくなり、時差ボケにどう対処するかとか、出張先での仕事の段取りをどうするかとか、エコノミーのときと同じ問題を考えているわけです。

旅行にしても、同じ場所を何度も訪問するとなると、やはり先が見えてくるからでしょうか、おもしろくなくなってくるのでしょうね。

渡部　それに、狭い飛行機の中でずっと座ったままで、一等のいい機内食なんて食べたら、気分が悪くなるんですよ。

中山　私は飛行機の中で、どうしたら長い飛行時間を楽しめるか、いろいろと手立てを考え、挑戦しています。最近は、自分の書いた原稿の推敲《すいこう》をしたり、普段は時間がなくて読めない本を読んだりして、快楽に順応しすぎないよう、脳に刺激を与えることにしています。海外へ行くときも、その地の文化や歴史など、いろいろなことを調べて行くと、旅先での時間がより充実したものに感じられますね。

お金も無駄遣いをし続けると、それに慣れてしまい、身を持ち崩しているのに気づかないということがあるかもしれませんね。

渡部　ええ、そういうことがあるかもしれませんが、お金があったら、しかるべく使えばいいと思いますよ。たまにはいいホテルに行ってみてもいいし、友達におごってもいい。「いい使い方」はいくらでもあると思います。

中山　おっしゃるとおりですね。大切なのは、お金を儲けることではなく、どう使うかという点にあるということですね。お金の使い方一つにも、その人の人格が表れるのでしょう。

ともあれ、今の境遇に不満を抱かず、いかに楽しめるかが、人生を謳歌《おうか》する秘《ひ》訣《けつ》のようですね。

夫子固拙於用大矣。……則夫子猶有蓬之心也夫。

夫子《ふうし》は固《もと》より大を用《もち》うるに拙《せつ》なり。……則《すなわ》ち夫子《ふうし》には猶《な》お蓬《ほう》の心あるかな。

「役に立たなそうなもの」を使う器量

中山　これは、魏《ぎ》の国の宰相にもなった論理学派の恵子《けいし》という人と荘子との問答の中の一節です。

恵子は荘子に「魏王からいただいたヒョウタンの種を蒔《ま》いたら、大きな実がなった。ところが水を入れたら重くて持ち上げられないし、何の役にも立たないので、打ち壊してしまった」と言いました。それに対して、荘子はこのように言うのです。「あなたは大きなものを利用するのが実に下手でいらっしゃる。……つまり、あなたはまだふさがった心をお持ちなのですね」と。

大きくて立派なものがあっても、人間にそれを使うだけの器量がなければいけないということでしょうか。

渡部　そういうことですね。荘子は「そんなに大きなヒョウタンがあるなら船に仕立てて、水に浮かべて楽しめばよいものを」と言っています。

中山　一見して無用なものに見えても、使い方によっては役に立つということですね。

自分に与えられたもの、あるいは日々の出会いや出来事にしても、あるものをすべて生かそうとする素直な心が大切ということになるでしょうか。

渡部　「ばかとはさみは使いよう」という言葉もありますが、役に立たなそうなものでも、たいてい使いようはあるはずなのです。

第二章　「小知」を超えて——斉物論篇

あらゆる区別を超えて

中山　続いて「斉物論篇《せいぶつろん》」を見ていくことにしましょうか。これは『荘子』のうちで最も重要とされる部分で、非常に読み応《ごた》えがありますね。

「斉物」とは「物を等しくする」という意味ですから、相対立すると思われるもの、例えば、あちら側とこちら側、プラスとマイナス、イエスとノーといった、あらゆる区別を超える考え方です。ここでは、すべてのものは皆一つであるという「万物斉同《ばんぶつせいどう》」の道理を、さまざまなたとえ話を用いながら説いています。

渡部　そうした立場に立つことによってのみ、人間は「小知」の束縛から解放されて、無限の自由を獲得できるというのが『荘子』の思想の神髄であるわけです。

汝聞人籟、而未聞地籟、汝聞地籟、而未聞天籟夫。

汝《なんじ》は人籟《じんらい》を聞くも、未《いま》だ地籟《ちらい》を聞かず、汝《なんじ》は地籟《ちらい》を聞くも、未《いま》だ天籟《てんらい》を聞かざるかな。

「言外の理」を悟る

中山　楚《そ》の国の哲人である南郭子綦《なんかくしき》という人が、その弟子である子游《しゆう》に言った言葉です。

「籟《らい》」とは笛のことですから、これは「おまえは人の吹く笛の音は聞いているとしても、まだ地の笛を聞いたことはないであろう。また、地の笛を聞いたとしても、まだ天の笛を聞いたことはないであろう」となります。

この「人籟」や「地籟」から「天籟」というのをどう解釈すればよいか、少し迷うところですが、人間中心の考え方を超えて、もっと大きなもの、天地に満ちている心に耳を傾けよ、ということでしょうか。

渡部　「人籟」はおっしゃるように、人間がつくった楽器ですね。「地籟」というのは、自然の風によってさまざまな音が起こることを、笛の音色にたとえたものでしょう。台風の音、そよ風の音というように、いろいろありますね。

ところが「天籟」とは、万物をして音を立てさせるもの、そのものです。「天籟」はそれ自体が鳴り響くのではなくて、「人籟」や「地籟」を通じて聞こえてくるわけです。人間に対して、また、地に対してすら、その背後には「それを起こさせる存在」があるということを言っているのではないでしょうか。

中山　だとすると、その「天籟」を聞くとは、目に見えないもの、人間の知覚を超えたものを認知するということになりますね。人間の言葉では語り尽くせない「言外の理」のようなものが、やはりあるのでしょうね。

渡部　ええ、例えば仏教では、「悟り」によってそれに気がつく人もいると思います。禅宗のお坊さんがなぜ坐禅《ざぜん》を組むのかと言えば、そのようにするうちに、こういうことがパッと分かる時期が来るということが、経験的に知られているからでしょう。

坐禅とは、無念無想の境地に入ることをめざすものですから、何か言葉で勉強をするというわけではありません。しかし感覚が研ぎ澄まされて、ものすごく鋭くなっていく。そのときに「天籟」が聞こえてくるのでしょう。

中山　まさに沈黙において語られる「天の声」ですね。私たちが自分の論理で是非善悪を振りかざしているうちは、天地に満ちあふれている天の声はなかなか聞こえてこないのでしょう。自己中心性を没却し、感謝と慈悲の念で心を満たすことができれば、そのとき初めて、神々しい声がささやかれるのかもしれませんね。

大知閑閑、小知閒閒。大言炎炎、小言詹詹。

大知は閑閑《かんかん》たり、小知は閒閒《かんかん》たり。大言は炎炎《たんたん》たり、小言は詹詹《せんせん》たり。

大局を見よ

中山　「優れた知恵はゆったりとしているが、世俗のつまらない知恵はこせついている。優れた言葉はあっさりとしているが、世俗のつまらない言葉は煩《わずら》わしい」ということですね。

これは非常に示唆に富む言葉です。こんなことを言っては何ですが、昨今、テレビがめっきりおもしろくなくなったのも、「つまらない言葉」が氾濫《はんらん》しているところにその原因があるのかもしれません。いろいろとチャンネルはあるけれども、報道に暗黙の自主規制が働いているのか、どれを見ても同じような意見のオンパレードだったりします。シェイクスピアの『マクベス』の言葉を借りれば、「がやがやわやわや、すさまじいばかり、何のとりとめもありはせぬ」というような感じですね。

渡部　この言葉は、特に政治家について言えるのではないかと思います。

宮澤喜一という政治家がいましたね。東大法学部を出ていて英語も堪能、非常に優秀な人だったようですが、大きなところから見ると、おかしなことばかりやっているのです。

例えば、首相時代に従軍慰安婦などという問題が浮上したとき、事実を調べもせずに韓国に行って、首脳会談中だけで八回も謝っています。官房長官時代には「教科書誤報事件」というのもありました。

中山　先生がおっしゃるのは、一九九二年一月、当時の宮澤首相が一時間二十五分の首脳会談で八回も謝ったという、あの「事件」ですね。そのへんの事情については、秦郁彦さんの『慰安婦と戦場の性』（新潮選書）にも詳しく取り上げられています。そのお膳立てをしたのは、吉田清治の証言に基づく誤報を取り消したことがまだ記憶に新しい朝日新聞の記事（一九九二年一月十一日）でした。秦さんの言葉を借りれば、それが「わが国ばかりでなくアジア諸国まで巻き込む一大狂騒曲の発火点」になったということです。それにジャパン・タイムズ紙が、朝日さえ認めていない「何十万人」もの「強制売春」という「悪質な解説文」を付け加えて、追い打ちをかけたと指摘しています。マスコミによる世論誘導というのは恐ろしいものです。私たちは本当に「物事を見る目」を養わなければなりません。

また、「教科書誤報事件」とは、先の戦争に関する歴史教科書の記述を、当時の文部省の検定で「侵略」から「進出」に改めさせたとする、マスコミの誤報に端を発した事件ですね。

渡部　宮澤さんのお年なら、日本政府や陸軍が権力で慰安婦を拉致《らち》したことなどあるわけがなかったことを知っているはずなんですね。「強制連行」がないとだけ言えば、十分なのです。戦争と売春婦の問題は世界中にあったことですから。また、教科書問題も事実を調べれば、実際に書き換えさせた例などなかったことはすぐに分かります。それを文部省に尋ねることもしないで、軽率な官房長官談話を発表した結果、近隣諸国条項なんていうものができて、日本の歴史教科書の最終決定権がソウルと北京に行ってしまうような事態になったのです。こんなおかしな話はないと思いますね。

それに対し、歴代の首相の中でも大きなことが分かっていたのは、岸信介さんだと思います。安保改定に尽力したことは皆が知っていますが、あのとき岸さんが頑張らなかったら、その後の高度経済成長もなかったでしょう。その功績は最近になって評価されてきたようなところがありますが、もっと重要なことは、台湾の国連残留を説得するため、わざわざ蔣介石《しょうかいせき》に会いに行っていることです。

そのときに通訳を務めたのは私もよく知っている人ですが、本当にこんこんと説いたらしいですよ。結果的には蔣介石がその助言を受け入れなかったために、台湾は国連から外れることになって、今、北朝鮮が国連加盟国なのに台湾は入っていないという事態になっているのです。

中山　現在、台湾は「一地域」と言われていますね。

渡部　台湾が国連に加盟していれば「一か国」ということになりますから、中国に侵略される恐れもなかったのです。岸さんはそういうことが分かる人だったのですね。

中山　やはり大局的に物事を見るということですね。

渡部　そうです。岸さんは、経済問題などは小さなことだと考えていたそうですね。首相としてなすべきことは、何と言っても外交と治安であると。

中山　今の世の中では、政治と言えば概して経済だけが優先されるような風潮がありますが、経済はもちろん大切で軽視すべきではないけれども、それだけでは「小知」ということですね。

物無非彼、物無非是。

物は彼に非《あら》ざるは無く、物は是《こ》れに非《あら》ざるは無し。

「物の見方」は一定不変ではない

中山　次に、荘子ならではの認識論を取り上げてみたいと思います。それを端的に表したものが、この「物は〝あれ〟でないものはないし、また〝これ〟でないものもない」という一文ですね。こちら側から見て「あれ」と言うものが、あちら側から見れば「これ」になる。

善悪の基準も相対的なもので、見方を変えれば、よいものが悪くなり、悪いものがよくなるわけですね。

渡部　ええ、物事は見方によって変わるものです。

中山　時代の変遷と共に、善悪が入れ替わる場合もありますね。昔はよいと言われたものが、今ではだめだと言われるようになったり、昔は悪いと思われたことでも、今ではよいと思われていたりと、時代と共に評価が変わることがある。学界の定説であっても、覆る可能性は大いにあります。

渡部先生がよく話題になさる脳細胞についてもそうですね。ニューロン（脳神経細胞）の発見者で、一九〇六年にノーベル生理学・医学賞を受賞したスペインの脳科学者ラモン・カハール以来、ニューロンは再生しないということが定説でした。ところが一九九〇年代以降、この分野の研究が目覚ましく発展して、ニューロンは新生するということが明らかになってきました。記憶をつかさどる海馬の部分では日々ニューロンが新生するそうですから、これは大きな変更ですね。

渡部 それについては、私は若いころに幸田露伴の『努力論』を読んで、得をしたと思うことがあります。当時の学説には反しますが、露伴のおかげで「脳細胞も細胞なのだから、鍛えれば発達するはずだ」と思ったのです。

露伴はこんなことを言っています。健脚になりたいと望んだとき、心は脚に向かう。そのとき心に従って、気が脚へ注がれる。一歩一歩に気を注いで歩いていると、血が通って、そこに筋肉ができたり骨ができたりする、と。同じように、頭を使った場合は、脳そのものが発達するということです。

当時、脳細胞は一日に十万個ずつ死ぬと言われていましたから、どんどん死んでいくのであれば努力したって仕方がないじゃないかと考えられていたのですが、私はこちらを信じたわけです。これは得をしたと思っていますよ。

中山　先生はそのような信念に基づいて、還暦を過ぎてからラテン語の暗記を始められたそうですね。

渡部　今でも続けていて、記憶力を高めていますよ。

中山　本日もタクシーの中で暗記の訓練をされてきたとうかがって、驚いています。私でしたら、物忘れがひどくなっても「脳細胞が大量に死んでいるから仕方がない」と、その学説を、努力をしない口実に使ってしまいますね。しかし、先生の場合は、当時の世間の常識にとらわれず、ご自分で納得できるものを見つけられ、それに基づいて努力されているところがすごいですね。

もちろん、時代が変わっても変わらぬものもあるでしょうから、すべてが相対的だと一概には言えないと思いますが、『荘子』の言葉から教訓を得るとすれば、一つの見方を鵜呑《うの》みにしてそれに縛られることなく、絶えず新しい知見を吸収し、物事を多面的に見ることを心がけたいと思うようになりました。

勞神明爲一、而不知其同也、謂之朝三。

神明を労して一を為しながら、其《そ》の同じきを知らず、これを朝三《ちょうさん》と謂《い》う。

巧みな言葉に惑わされてはならない

中山　次の一文は、故事成語としておなじみの朝三暮四《ちょうさんぼし》の話です。「あれこれ考え、心を労して一つのことを繰り返しながら、それらが同じことだと知らずにいる。これを朝三と言う」。私は確か、高校のときに漢文の授業で習ったと記憶しています。

猿回しが猿にトチの実を与えるのに「朝は三つ、夕方には四つやろう」と言うわけです。すると、猿たちがギャアギャア言うので「それなら朝は四つ、夕方には三つにしよう」と言うと、猿はそれで満足した。どちらにしても、結局、中身は同じだという逸話です。

渡部　これは政治家が日々使っている手ではないでしょうか。これをうまく使われると、同じことなのに丸め込まれてしまうのです。

中山　かつて鳩山由紀夫元首相が国会で朝三暮四の意味を尋ねられたとき、朝《ちょう》令暮改《れいぼかい》と混同して「朝決めたことと夜決めたことがすぐに変わるという意味だ」と答えたというエピソードがありますが、元首相率いる民主党政権のスローガンだった「コンクリートから人へ」も、朝三暮四の典型的な例ではないでしょうか。

それは無駄な公共事業を減らして社会保障や子育てに財源を回す政策だと言われていましたが、その結果はどうだったでしょうか。結局はインフラや製造業がガタガタになって、かえって国民の生命をおびやかしているわけですよね。建設業で働く人が減ってしまい、しかもいったん削減した人員はそう簡単に戻りませんから、震災後の復興もままならない。社会保障や子育ての面ではトチの実が増えたように見えたかもしれないけれど、国民の生活基盤や経済基盤の面では確実に減ってしまったのです。もしかすると結果は同じどころか、もっと悪くなっているかもしれない。

渡部　あの政策によって、下請けの人たちがだいぶ辞めていって、ずいぶんと工事が動かなくなったらしい。困ったことです。

私は若いころ、講演でいろいろな地方を訪ねましたが、「人口のわりには駅がしょぼいなあ」というところは、だいたい市長が社会党でした。そのうちにまた訪ねたときに「きれいになったな」と思うと、自民党になっていたりするのです。

中身は一緒なのに、言葉を変えただけで納得させてしまう。先の戦争のときもそうでした。戦況が悪化したガダルカナルから撤退するときに「転進」と言ったのが始まりではないでしょうか。

中山　そう言えば、敗戦についても「終戦」と言ったために、誰が誰と戦って敗れたのか、ぼやけてしまった気がしますね。

渡部　同じように、全滅には「玉砕」という言葉が使われました。確かに亡くなっていく人の気持ちを思えば、玉砕と言ったほうがきれいではありますが、だからと言って、そう簡単に玉砕されては困る。結局、玉砕なんていう言葉があったから、全滅するような作戦の決行につながった可能性はあると思います。

中山　今、マスコミをにぎわしている「侵略」という言葉もそうですね。その一般的な定義はありますが、正確な国際法上の定義は何なのか。例えば、湾岸戦争の発端となった一九九〇年のイラクの武力によるクウェート侵攻も、今の日本の一般的感覚からすれば「侵略」でしょうが、国連安全保障理事会が憲章第七章に基づいて認定したのは「侵略」ではなく、「平和の破壊」でした。

渡部 「侵略」という言葉についてもう一つ言えば、第一次大戦以来、負けたほうにこの言葉を使うと悪玉になるという、奇妙な慣習ができてしまいました。第一次大戦でも動員令が遅かったドイツのほうが、負けてから侵略国にされたのです。そうすると「侵略したんだから賠償せよ」と言われる。

それで味を占めた国は、第二次大戦で日本が負けたときに侵略国だと決めつけて、ものすごい賠償金を取ろうとした。スイスにまで要求されたんですよ。イタリアなんて三国同盟まで結んでいたのに、早いうちに降参したら、あちら側に回って賠償金を取ったのです。

中山 言葉というものを私たちは普段、何気なく使っているけれども、使い方には本当に注意しなければいけませんね。

渡部 言葉を聞くほうも、朝三暮四なんていうことでごまかされてはならない。

中山 そのためには、やはりきちんと事実を見なければいけません。

聖人懐之、衆人辯之以相示也。

聖人はこれを懐《ふところ》にし、衆人はこれを弁じて以《もっ》て相《あ》い示す。

「大人」の懐の深さ

中山 これは荘子が「道」を「そもそも限界も境界・分別も持たないもの」としたうえで、聖人の道について述べているところです。「聖人は〝道〟を自分の胸に納めるが、一般の人は〝道〟に区別を立てて、それを他人に示そうとする」とあります。

まず、言葉の原義について考えると、「分かる」とは、「分ける」ということですね。例えば、プラスとマイナスを分けるとか、白黒つけるとか。そして物事が分かっていると自負する人は「自分が白だ、おまえが黒だ」ということを、声高に示そうとするわけです。

聖人の場合は「これを懐《ふところ》にし」というのが奥ゆかしくていいですね。英語にも「深い川は音を立てずに流れる」(Still waters run deep)ということわざがありますが、やはり大人というのは、ごちゃごちゃとこざかしい、子供じみた発言をするのではなくて、懐にドッと受けとめることができるような心の広さが必要だということでしょうね。

渡部　日本にも「そこひなき淵《ふち》やは騒ぐ　山川の浅き瀬にこそ　あだ波は立て」（古今和歌集）という和歌がありますね。

中山　本当に思いの深い人は騒ぎ立てたりしない。いい加減な人ほど簡単に「愛している」などと言うものだ、という恋歌ですね。何事においても人間性が浅いほど、大きな音を立てて流れるのでしょうね。

渡部　これは非常にいい言葉ですが、下手にまねをする者がいると困る。例えば、日露戦争のときの大山巌《いわお》元帥は大したものでした。

あのころの軍人は皆、鼻っ柱が強いわけですよ。そんなところに、例えば山縣《やまがた》有朋《ありとも》みたいな総大将をやったら、けんかになってしまいます。それで大山さんに白羽の矢が立つのですが、大山さんは一度任せたことに対しては何も口を出さなかったのです。非常に危ない戦いのとき、朝から晩まで大砲を撃っていても「なんだ、にぎやかだな」という程度です。ただ大山さんが言うと、血相を変えて議論をしている参謀たちも、何となく丸く収まっていく。これが「懐にする」ということではないでしょうか。

そうしたらこれが教訓となって、器量もないのにまねをする者が方々に出てしまった。ボヤッとしていれば大山さんのまねだと思って……。

中山　さすが、大山元帥は、西郷隆盛の薫陶を受け、明治天皇の信頼も厚かった薩摩武士だけありますね。大山元帥には、無言の人格的迫力があったのでしょう。

しかし、そのような精神性と品格を持たない者が元帥の真似をしても、結局はメッキがはがれるでしょうね。「山川の浅き瀬」はどんなふうに装っても、「そこひなき淵」と違って、川底が透けて見えるでしょうから。

知止其所不知、至矣。

知は其《そ》の知らざる所に止《とど》まれば、至れり。

知的正直であれ

中山　次は、知識についてですが、荘子は「分からないことは分からないままでとどまっているのが、最高の知識である」と述べています。

これは日常生活にも言えることで、議論や話し合いでも、知ったかぶりをして知識を振りかざすと、激しい口論になりかねませんが、逆に自分の知識の限界を知って、そこにとどまれば、楽しい議論や話し合いもできるわけです。知らないことは「知らない」と、はっきり言うことが大切で、広い知識がある人は、かえって謙虚で、傲慢《ごうまん》にならないのでしょうね。

人間には、やはり他人からよく思われたい、自分をよく見せたいという欲望があり、知らないことであっても知ったような口をきいたり、他人の意見の受け売りをしたりする場合があるかもしれませんが、そうならないためにも、自分の限界をよく分かっているというのは大切なことですね。

渡部　その点で、カントは偉かったと思いますね。カントとほぼ同じ時代の人で、スウェーデンボルグというオカルティストがいますが、この人は単なるオカルティストではなくて、優れた科学者でもありました。カントはこの人に興味を持っていろいろ調べていくうちに、オカルトというのは、どうも嘘《うそ》ではないらしいと思うようになります。そこで書かれたのが『一視霊者の夢』という論文です。

しかし、われわれはそうしたことを追体験するわけにはいきません。それは人の夢と同じだから、大学での研究対象にはならないと考えて、カントはオカルトが「ない」とは言わないのですが、それ以上オカルトには踏み込まなかったのです。これは孔子も同じです。

中山　『論語』にも「怪力乱神を語らず」（述而篇）とありますね。

渡部　怪力乱神というのはオカルトですね。だから、カントのような偉い人はオカルトを研究対象として語らない。本人が臨死体験でもしていれば語ったかもしれませんが。ですから、われわれも知ったふりをしないことですね。

私が感心したのは、福原麟太郎先生という、トマス・グレイについてはもう研究し尽くしたというような方が、「何か尋ねられたときに『ここまでは分かりますが、それは分かりません』と言えるので、気持ちがよい」とおっしゃったことです。本当に分かっている人は「分からないところ」との差もよく分かるということですね。

中山　知的に正直であるというのは重要なことで、「無知の知」と言われるように、知識のある人ほど、知識の限界も知っているということでしょうか。

渡部　ええ、「知らない」ということを平気で言えるほど知っているところが偉いのです。

毛嬙麗姫人之所美也、魚見之深入、鳥見之高飛、麋鹿見之決驟。

毛嬙《もうしょう》・麗姫《りき》は人の美とする所なるも、魚はこれを見れば深く入り、鳥はこれを見れば高く飛び、麋鹿《びろく》はこれを見れば決して驟《はし》る。

劣等感を抱くことはない

中山　次は絶対的な価値をめぐっての師弟の問答で、そのたとえとして、毛《もう》嬙《しょう》と麗姫《りき》という絶世の美女が引き合いに出されます。ところが、その美しさというのは人間だけの基準であって、「魚が毛嬙や麗姫を見ると、水底深く潜り込み、鳥がそれを見ると、空高く飛び上がり、鹿がそれを見ると、跳び上がって逃げ出す」と言うのですね。人間界では美人でも、自然界では不美人となるわけです。自分が美人だと思っていても、それは絶対的な美ではないということです。

これを違う角度から見れば、自分が美女やイケメンでなくても、「蓼《たで》食う虫も好き好き」というように、そのことで決して劣等感を抱く必要はないということにもなりますね。

そこで、話が脇道にそれて恐縮ですが、そもそも劣等感とは何なのかを考えてみてもおもしろそうですね。人間は不完全な存在ですから、自分を客観的に見れば、自分に「劣等性」があることは、誰でも気づきます。しかし、そのような劣等性があること、例えば自分は運動ができないとか勉強ができないといった欠点のあることが、そのまま劣等感につながるわけではないと思うのです。劣等感というのは、誰かと自分を比較することによって生まれるものではないでしょうか。誰かと比較して「自分もああなりたいけれど、なれない」と思わない限り、劣等感に苛《さいな》まれることはないわけです。

先日も家内とイケメン俳優の話になって、「僕は自分の外見に劣等感を抱いていないけど」と言ったら、家内から「そのように育てた、あなたのお母さんが立派だわ」という答えが返ってきて、複雑な気持ちになりました(笑)。

私に外見的な劣等性があるとしても、イケメン俳優にどうして劣等感を抱かないかというと、その俳優に「これからの自分」を見ていないからです。

話をもとに戻すと、美という価値観は相対的なもので、絶対的なものではないということですね。

渡部　ええ、人間同士なら美人と言われても、動物から見れば関係ない。価値観が違うと、話にならないということです。少しひねって言えば、価値観が異なる人には伝わらないものがあるということも考えなければいけないと思いますね。

例えば、日本人が明治時代の朝鮮半島を見たら、土地の所有権がない農民は貧困に苦しんでいて、産業の発展に必要な技術もインフラもなく、大昔を見るようだったわけです。それを何とかしようという親切心からやったことも、向こうから見れば恨まれるのです。

中山　だから、侵略だと言われるわけですね。

渡部　それは、とんでもないことです。満洲だって、日本人が行ったために治安が非常によくなって、シナ本土からも大勢移住してきたくらいです。

中山　どのような歴史にも光と闇がありますが、両方が客観的にバランスよく理解されていない点に問題があるのかもしれません。あちらにも分かっている人はいると思うのですが、そのような言説は封殺される傾向にあります。日本を悪く言わないと今の政権が成立しないという面もあるのでしょうね。

歴史研究にしても、日本の場合は西洋的な歴史学が入っていますから、客観性を追究するのが大前提ですが、向こうは必ずしもそうとは限らず、かなりイデオロギー的な色彩が強い。また、政権の主張に合うように歴史を修正するということも平気で行います。だから政権を取った者は、前政権の持っていた、自分にとって不利な記録を焚書《ふんしょ》として全部焼いてしまい、自分に都合のよい歴史をつくり上げ、これを「正史」として宣伝するということも行ってきたわけです。

渡部　中国など、日本のＯＤＡで立ち上がったようなものなのに、今は日本をおびやかしている。こちらがいいと思ってしたことを、相手はそうは取らない場合もあるのです。日本人なら、人から何かをいただいたら感謝すべきだと考えるでしょう。ところが「感謝すべきなのは神様であって、持てる者は施しをするのが当たり前」という国もあります。また、今年行われた習近平の抗日戦勝七十年の話も、われわれから見ればばかばかしいほどの嘘ですが、そういうのが「歴史」だと考える国もあるのですね。

これは考え方のパラダイムが違うということです。だから、自分とは全然違うことを考える人間がいるということを、知っておくべきですね。

五十年ほど前のことですが、うちに来た住み込みの若いお手伝いさんに「高校にでも通ったらどうか」と言ったら、「学校に行きたくないからここに来たんだ」と言うのです。昔のわれわれの発想だと、進学を考えるときに「学資を出してくれる人さえいれば」と思うのですが、学資を出してもらっても、行きたくないものは行きたくないと言うのですね。

中山　いろいろな人がいるということは、いろいろな考え方があるということだと知っていなければなりませんね。違うということが分かればいい。

渡部　そうそう。美人だって、自分から逃げていくものはあるとかね。そういうことが分かればいいのです。

中山　その美人の概念にしても、いろいろですよね。

今は美人の一般的条件として、スマートであることが不可欠のようですが、玄宗皇帝の寵愛《ちょうあい》を受けたという絶世の美女の楊貴妃は、『長恨歌《ちょうごんか》』に「温泉水滑らかにして凝脂を洗う」とあるように、結構、脂肪がついていたらしいのです。

一方、十六世紀イギリスのエリザベス一世の肖像画を見ると、驚くほど細い腰をしています。コルセットで不自然なくらい腰を締めつけることが、美人の条件だったのかもしれません。また、お風呂に入るのは汗をかく肉体労働者だという考え方があり、自分は汗をかかない身分であることを示すために、王族や貴族はお風呂に入らなかったという話もありますね。

それが善か悪かではなく、ものの考え方の基準が違うということでしょう。

渡部　いろいろなことで、見方や感じ方がうんと違うということがあるのです。

有大覺、而後知此其大夢也。

大覚《たいかく》ありて、而《しか》る後に此《こ》れ其《そ》の大夢《たいむ》なることを知る。

「べき」から自由になる発想

中山　これは孔子の一門という設定の架空の人物が、「道」の体得者とされる長梧子《ちょうごし》と問答をする中で出てくる一文です。「大いなる目覚めがあってこそ、初めて人生が大きな一場《いちじょう》の夢であることが分かるのだ」ということです。とどのつまり、私たちの人生は夢にすぎないということでしょうか。

本書の冒頭でも「胡蝶《こちょう》の夢」の話に触れましたが、胡蝶というのは、ある意味では自由の象徴ですよね。「何物にもとらわれない自分」という、そういう本当の目覚めがあってこそ、この人生が大いなる夢であると分かる。

ここを読んでいて「漕《こ》げ、漕げ、お舟を」(Row, row, row your boat) という、アメリカの童謡が脳裏に浮かんできました。「お舟を漕ごう。楽しく楽しく漕いでいこう。人生なんて夢のよう」と。

渡部　『荘子』では、この続きに「丘《きゅう》と女《なんじ》と皆夢なり。予れ女《わ》に夢を謂《い》うも亦《ま》た夢なり」とあります。「孔子の言うことも皆、夢物語である。おまえも夢を見ているのだ。私がおまえに夢の話をしているのも、また夢だ」と。

中山　ここで孔子を出してくるところがおもしろいですね。『史記』に「荘子の学は老子に基づき、孔子の徒をそしる」とありますが、その言葉どおり、『荘子』にはこのようにして孔子が結構出てきます。

渡部　やはり競争心があるのでしょうね。孔子の教えは支配階級に便利ですから、当時は政治にも相当入っていたと思います。だから孔子を茶化したりそしったりするのでしょう。

要するに、孔子が言うことには「何々すべき」という「べき」があるわけです。その「べき」から逃れたいという気持ちになったとき、最もいいのは夢ですよ。夢は本当に勝手なものですから。

中山　はい、夢なら変幻自在ですからね。

それからもう一つ、シナの古典から生まれた人生の箴言《しんげん》に「人事を尽くして天命を待つ」がありますね。これは南宋初期の儒学者、胡寅《こいん》の『読史管見』にある

「人事を尽くして天命に聴《まか》す」から来ているようですが、『荘子』に照らすと、どうなるのでしょうか。

渡部　『荘子』で言えば、初めから人事を尽くす必要がないということでしょう。

中山　初めから「なし」というのがおもしろいですね。これが『三国志』ですと、「事を謀るは人にあり、事を成すは天にあり」で、「いくら人事を尽くしても、結局は天の力なのだ」ということですが。

渡部　それがわれわれ普通の人の悟りです。いろいろ努力したがだめだった。でも、そこで自殺なんてしないで「そういうものだった」と悟ればいい。

中山　そこでうかがいたいのですが、先生ご自身は人生と努力について、どのようにお考えですか。幸田露伴の『努力論』に触発されて、ラテン語の暗記に挑戦されているということと一つとっても、努力の仕方が半端ではありませんね。

渡部　まあ、努力でも「楽しみ、その内にあり」ということです。つまらないものを暗記しているわけではなくて、ラテン語のことわざなんて、皆おもしろいです。私の努力というのは、楽しいことで頑張ることですね。

中山　西洋で努力論と言うと、サミュエル・スマイルズの『セルフ・ヘルプ』が思い浮かびます。「天は自ら助くる者を助く」で、努力しない者には幸福は訪れないという格言ですね。

渡部　あれは資本主義の思想の最もよい部分ですね。

中山　ちなみに廣池千九郎は「人事を尽くして天命を待つ」ではなく、「天命に従いて曲に人事を尽くす」として、聖人の道に従って人事を尽くすのが本道だと述べています。

渡部　それが理想なんですよ。やはり『荘子』はアンチテーゼですから。

中山　シェイクスピアは「人生は劇場である」と表現しました。私たちはそれを演じる役者というわけです。人生という劇場で、一生を夢と見て演じるか、自分で台詞を書いて自作自演するか、それとも天上の劇作家が書き給うたシナリオに従って大団円を迎えるか、それこそ舞台に上がる私たちの役者魂と演技力にかかっていると言えるかもしれません。

第三章　生命を養う——養生主篇

「生命の主」たる精神を養え

中山　次は「養生主篇《ようせいしゅ》」です。生命を養って、真の生き方を遂げるための要諦《ようてい》ということですが、養生について述べているのは最初のところだけのようです。

渡部　「養生主」という篇名には「生を養うの主」と「生の主を養う」という、二つの解釈があるようですね。生命を養うことを主にするという意味と、生命の主となるものを養うという意味です。私は後者のほうがよく分かる気がします。

中山　だとすると、単に養生して健康に過ごそうということではなく、世俗の中に生きながらも世俗を超越して生きるというような処世知が学べそうですね。

渡部　ええ、人間が生きていくうえで、その生命の主となるものは精神ですね。

中山　つまり、精神を養うということですね。そう考えると、冒頭に「吾《わ》が生《せい》や涯《がい》あり、而《しか》して知や涯なし」とあるのもうなずけます。人間の寿命には限りがあるが、心の働きは無限であるということですね。

臣之所好者道也、進乎技矣。

臣の好む所の者は道なり、技《わざ》よりも進《まさ》る。

技術よりも大切なもの

中山　丁《てい》という料理人が、実在した魏《ぎ》の恵王《けいおう》、文恵君《ぶんけいくん》の前で牛をさばく場面です。そのさばき方が実に見事だったので、文恵君は丁の技量を褒めました。そこで丁が答えて言った言葉です。「私の求めているものは〝道〟であって、手先の技以上のものでございます」と。

えてしてわれわれは何をするにせよ、技術論に走ってしまいがちですが、技術よりもっと大切なものがある。技術を生かす「物の道理」があるということですね。料理人の技量という具体的な話なので、今日でも分かりやすいのではないでしょうか。

渡部　この牛をさばく人の話が、非常にうまいですね。「初めて牛をさばいたとき、私の目にはただ牛の姿が映るばかりだった。それが三年経つと、丸一匹の牛の形は見えなくなった。今日では精神をもって牛を見るようになって、肉眼では見ていない。牛の体に本来備わる自然の理に従って、骨や肉の間にある大きな隙間《すきま》に刀を入れていく。だから、骨や肉の入り組んだ部分に刀を入れることはないし、いわんや大きな骨に刀が触れるようなことはないのだ」と。

中山　そのさばき方は、物事の筋を尊重して、道理から外れた無理なことをしないということですね。いくら腕のよい料理人といえども、最初から牛を知り尽くしているものではない。牛を通して自然の理を学んでいくという心構えを持つことが、何よりも大切なのでしょうね。

渡部　所詮《しょせん》、生命というのは分からないものです。われわれは今ここに生きていますが、「自分を生かしているもの」が何者であるかは分かりません。「人間は月まで行く機械をつくることはできても、大腸菌一つつくれない」とも言われます。大腸菌には生命があるからです。われわれの中にも生命があって、その生命があるから、生きて動いているわけですね。

牛をさばく人の話は、そのたとえではないでしょうか。筋、道理に従ってやると、スッといく。だから、われわれが生命を養う場合も、生命の主となるもの、つまり精神を養わなければならないということでしょうね。

「理」という字は王偏ですが、本来は「玉」で、玉の筋を表す文字ですね。

中山　ええ。実は「理」は私の名前でもあるので、父から「それは玉の筋であり、宇宙の法則という意味だ」と聞いた覚えがあります。

渡部　玉というものは普通、割《さ》くことはできないけれど、筋に従うことでパッと割ける。だから、筋に従って分けることを「理」と言ったらしいですね。

技術はやはり、一番の根本である道理に合っていなければならない。道理に合うように、技術を磨けばよいのです。

中山　それは昨今話題になっている日本の道徳教育にも当てはまるような気がします。私は最近、「光り輝く『教育立県ちば』を実現する有識者会議」の座長を務めさせていただいたのですが（平成二十六年）、小中学校の「道徳の時間」を「教科」に「格上げ」するにあたって、よく現場の先生方から「どんな教材を使えばよいか」とか、「どのように道徳を教えればよいか」とか尋ねられます。

しかし、まず「道徳とは何か」ということが分かっていないと、技術論だけでは「仏作って魂入れず」になるのではないでしょうか。

残念ながら、戦後の日本では、道徳教育と言うと、それが是か非かの議論ばかりが目立ち、「どういうことを教えるのが道徳教育か」という本質に迫る議論がなされてこなかったように思います。それは道徳教育が政治的イデオロギーの道具として使われたため、旧文部省と日教組が対立する教育問題となり、その結果、道徳を教える先生方の熱意にも温度差が生じるという弊害が起こっているのです。

やはりここにも技術を生かす道理という「もと」がないと、本当の道徳教育はできないと思うのですが。

渡部　まさに、それが「もとのもと」ですね。

中山　ええ、私たちに今必要なことは「技よりも進《まさ》る道を求める」という意識改革ではないでしょうか。

安時而處順、哀樂不能入也。

時に安んじて順に処《お》れば、哀楽も入《い》る能《あた》わず。

精神は伝わっていく

渡部　これは老子が亡くなったときの話ですね。その弔《とむら》いに行った秦失《しんいつ》という人があまり泣かなかったので、弟子が「あのような弔い方でよいのか」と尋ねたら、こう言ったというわけです。

中山　それに対して秦失は「時の巡り合わせに身を任せて、自然の道理に従っていったなら、そこに喜びや悲しみの感情が入る余地はない」と答えています。すなわち、生まれたからといって喜ぶことはなく、死んだからといって嘆き悲しむこともないということですね。

渡部　その続きも非常にいいですよね。「薪《たきぎ》自体は燃え尽きてしまっても、その火はほかの薪に伝わる。火がなくなってしまうことはないのだ」と。

これは精神の話だと思うんですよ。老子が死んでも、その偉大な精神は伝わっていく。カトリックの神父さんやシスターにも言えることですね。偉大な坊さんにも言えることです。ところがわれわれ凡人の場合は、自分の精神がずっと伝わっていくだなんて、なかなか考えられません。だから結婚をして子供をつくる。

中山　ええ、結婚には先祖から連綿と続く生命のバトンをつないで、生物学的なＤＮＡを子孫に伝えていくという役割があります。問題は、肉体的なものだけでなく、精神のＤＮＡをどう伝えていくかですね。子供が小さいときは家庭教育であり、大きくなれば学校教育が重要です。

渡部　それに対する答えが、「薪が燃え尽きても、次の薪に火がつけばいいではないか」ということです。

これは学問の場合と同じです。その意味で、われわれ教職の人間は幸せですよ。私は毎月、大学の教授や准教授になった教え子たちと一緒に、私の恩師であるカール・シュナイダー先生の教授資格論文を読んでいるんです。先生はルーン文字など、キリスト教渡来以前のゲルマンの文化の権威です。「こんなものを読めるのは、ここに集まっている人間しかいない」というプライドもありますが、シュナイダー先生は亡くなったけれど、その学問は私に伝わって、私が死んでもこの教え子たちに伝わっていくという実感があります。教育者の慰めはそこにあると思います。

中山　それは教師の慰めであり、学生の喜びでもありますね。師弟同学で共に学ぶことを通して、学統を継承していく。これほどすばらしい教育はないと実感しています。

私も大学時代、麗澤大学の恩師である大塚真三先生のお宅で廣池千九郎の論文の輪読会に参加させていただいたり、京都大学名誉教授の下程《したほど》勇吉先生の勉強会で、先生の懐をお借りして教育人間学の手ほどきを受けたりと、本当に鍛えられたと感謝しております。そういうものが魂に刻まれ、これを私の教え子に伝えることによって、学問の「火」が次世代に受け継がれていくのかなという感じがします。

渡部　私の場合は中学時代の恩師である佐藤順太先生、あの先生なかりせばと感じています。先生の精神は、確かに伝わったのです。ですから、教師はその誇りを持つべきだと思いますね。

中山　まさにおっしゃるとおりで、教育が成功するか否かは、教師の意識にあると言っても過言ではありません。その意味で、アメリカの人格教育の専門家であるトーマス・リコーナ博士の「学生の人格にインパクトを与えるうえであなたが持っている唯一最強のツールは、あなた自身の人格である」という言葉は非常に印象的です。

師から受け継ぐものは学問的な知見だけではなくて、真理を学ぶ姿勢とか、学問を追究する態度とか、接することによって感じるものがいろいろありますね。

「伝統とは火を伝えることであり、灰を崇拝することではない」と言ったのはオーストリアで活躍した作曲家のグスタフ・マーラーでした。伝統を継承するのは、燃え尽きる薪ではなく、次の薪につける火であることを肝に銘じたいですね。

渡部　お互いに燃え尽きる薪であってもね。

第四章　世の中に処する道——人間世篇

荘子が見た「世の中」

中山　さて、四番目は「人間世篇《じんかんせい》」です。ここでの「人間」とは、一般に言う世間という意味ですね。すなわち「人間世篇」では、人々の交わる世の中での具体的な処世訓が述べられているわけです。

冒頭は孔子と顔回との問答です。孔子が随一の弟子である顔回に対して、その未熟さを戒めるという設定になっていますので、これは儒家に対する荘子のアンチテーゼかもしれません。あるいは儒家を出すことで、「荘子の思想は他の学派にも支持されるほどの普遍性を持っている」とでも言いたいのでしょうか。そうであれば、荘子の教えの正当性を裏付けるために、有名な孔子と顔回を登場させたとも考えられます。

渡部　ええ、自分とは異なる意見を持つ著名人を使うところがおもしろいですね。

ここは平たく言えば社会論ですね。人々の交わる世の中のことについて、学問として研究した人は孔子です。だから孔子を出してきたのでしょう。

中山　その次にあるのも、孔子が当時の外交官に与えたアドバイスですね。「君臣の義を運命として受け入れる」といった、儒教的な思想も見られます。

そして後半は反儒教的とも言える「無用の用」の思想で、「材木として役に立たない木だからこそ切り倒されることなく、大木になった」といった例を挙げ、一見して役に立たないように思えるものが用をなし、かえって生を全うすることを述べています。

それでは、具体的に見ていきたいと思います。

夫道不欲雜、雜則多、多則擾、擾則憂、憂而不救。……德蕩乎名、知出乎爭。

夫《か》の道は雑なるを欲《ほっ》せず、雑ならば則《すなわ》ち多く、多ければ則《すなわ》ち擾《みだ》れ、擾《みだ》るれば則《すなわ》ち憂え、憂うれば而《すなわ》ち救えず。

……徳は名に蕩《うご》き、知は争《あらそい》より出《い》づ。

世の雑事に心を乱されてはならない

渡部　まずは孔子と顔回の問答ですね。顔回は「衛《えい》の国では暴政が行われ、民が苦しんでいると聞くので、私が行って国を立て直したい」と孔子に願い出た。すると孔子は「おまえがあの国へ行っても、刑罰を受けるのが落ちだよ」と言って、顔回を思いとどまらせようとするわけです。

中山　その理由として挙がっているのが、「おまえが学ぶべき〝道〟というものは純粋なもので、混じりけがあってはいけない。混じりけがあれば事が多く、事が多ければ乱れ、乱れると心配事が生まれ、心配事があっては他人を救うことはできない」という一節です。

自分自身の心が修まっていなければ、何も解決できないと言っているんですね。世の雑事に心を乱されるようではいけない、と。私も一教師として、心したい言葉です。

渡部　それは大切なことです。教師の心に憂いが満ちていては、学生を救うことはできません。

続いて「徳は名誉を得ようとするために流され、知恵は争いから生まれる」とありますね。孔子はこう言って、名誉心を持ち、みずからの知恵を恃《たの》んで暴君を諫《いさ》めようとしている顔回を諭すわけです。

中山　競争心から生まれる知恵とは、どういった知恵でしょうか。普通、知恵と言うと英語の wisdom、すなわち知識と経験を役立たせる英知を連想しますが、ここでの知恵はいわゆる徳を備えた英知ではありません。そうではなくて、人との争いに勝つためだけの知識、あるいは悪知恵のことでしょうね。

現に今の社会を見ても、欲や争う心が生んだ悪知恵が氾濫《はんらん》しています。例えば、日本を貶《おとし》めようとして争いを起こすために、事実無根の嘘《うそ》を言いふらす人々がいますが、これなんかはその典型ですね。

渡部　ええ、悪知恵が発達したものが多くて、困ったものです。

中山　しかし、楠木正成《くすのきまさしげ》が旗印にした「非理法権天」（非は理に勝たず、理は法に勝たず、法は権に勝たず、権は天に勝たず）ではありませんが、非は決して理に勝てない。だから、悪知恵を働かせても、いつかはその嘘が必ずばれて、後から恥をかく。それを法律や権力で封じ込めようとしても、天には勝てない。

渡部　きっと、そうなるでしょうね。

中山　いずれにせよ、世間の雑事に心を乱すことなく、「道」を求め、徳が流されないように心がけねばなりませんね。天道を求めて行動することを学ぶべきということでしょうか。

内直而外曲、成而上比。内直者與天爲徒。

内に直くして外に曲り、成して上《かみ》に比せん。内に直き者は天と徒《と》たり。

人を動かす意見の述べ方

中山　次は顔回の言葉です。

「それでは、私は心の内をまっすぐに保ちながら、外面は柔軟にして、自分の意見は持ちながらも、昔のことに事寄せて述べるようにしましょう。心のまっすぐな者とは、天と仲間になった者です」とあります。

人間は正しくあろうと思うほど、また正義感が強ければ強いほど、他人に対してきつい物言いをしたり、表情も厳しくなったりするものです。だが、たとえ相手から何か言われたとしても、にっこり笑えるくらい外面を柔軟にするのが「天の仲間」の証《あかし》だと言っています。

渡部　ベンジャミン・フランクリンの自叙伝を読むと、彼も自分の意見を強く主張するとうまくいかないということに気づいていますね。控えめな態度で述べたほうが、スムーズに受け入れられるのです。

中山　カーネギーの『人を動かす』にも、人を非難せずに、相手を理解するよう努めなさいと書かれていますね。というのも、単なる批判は相手の怒りを呼び起こし、行動を起こす意欲をそぐだけで、批判の対象とした状態は少しも改善されないからです。低い次元の破邪顕正《はじゃけんしょう》、すなわち、ただ不正を破って、正義を明らかにするだけでは、だめだということですね。

渡部　この「内に直くして外に曲がる」とは、非常に象徴的な言い方です。心の内にあるまっすぐなところを、外にはなるべく表さないようにする。

そして、何かよいことを考えついたときも、直接的に「自分はこう考える」と言うのではなくて「昔の立派な人もこう言っていますが……」というように、ほかの人の意見のようにして言ったほうがいいということですね。

中山　それが一番望ましい言い方でしょうね。しかし、私たちは、えてして内なる感情をそのまま外面に出してしまいがちです。時には怒りに任せて自分の考えを声高に主張し、相手を論破してしまいたいという欲求にかられます。でも、結果はどうでしょうか。一時的には言いたいことを発散してすっきりするかもしれませんが、相手はさらに激高して反撃してくるかもしれませんし、相手が黙っていたとしても、それはこちらに同意しているのではなく、ただ怒りを押し殺しているだけかもしれません。いずれにせよ、こちらの言いたいことが相手にまったく通じていないという点において変わりはありません。

そういう私自身もまだまだ修行が足りませんが、自分の思いをソフトに伝えるということは、本当に重要ですよね。

渡部　先ほどのフランクリンという人は、言うまでもなく、アメリカの独立期に活躍した政治家であるわけですが、ほかにもペンシルベニア大学を創設したり、病院や図書館をつくったりと、さまざまな公共事業のために尽くした偉人です。ですから、寄付金を集める名人でもあったのです。

そういうときも「自分のアイディア」として出すのではなくて、尊敬すべき人たちの言葉を借りながら呼びかけるわけですよ。

中山　なるほど。それが「外に曲がる」の具体的方法としての「成して上《かみ》に比せん」ということですね。

今ではほとんど使われなくなっていますが、「祖述《そじゅつ》する」という表現がありますね。その意味は、先人の説を受け継いで述べるということです。また『論語』(述而篇)にも「述べて作らず」という名言がある。だとすると、例えば、麗澤大学の教育理念などを紹介するときも、私が学長としての意見をそのまま述べるよりは、本学の創立者の教えを祖述したほうがよいということですね。

渡部　そのほうが、いいでしょうね。

若一汝志。无聽之以耳、而聽之以心。无聽之以心、而聽之以氣。耳止於聽、心止於符、氣也者虛而待物者也。唯道集虛。虛者心齋也。

若《なんじ》、汝《なんじ》の志を一《いつ》にせよ。これを聴くに耳を以《もっ》てすることなくして、これを聴くに心を以《もっ》てせよ。これを聴くに心を以《もっ》てすることなくして、これを聴くに気を以《もっ》てせよ。耳は聴に止まり、心は符に止まるも、気なる者は虚《きょ》にして物を待つ者なり。唯《た》だ道は虚《きょ》に集《とど》まる。虚《きょ》とは心斎《しんさい》なり。

「心の割り符」を去って

中山　その後も顔回は言葉を重ねて「このようにすればどうでしょうか」と師に確かめようとするわけですが、それに対し、孔子は「自分の考えにとらわれた今のような心境ではとてもだめだ」と諭します。では、どうすればよいか。その方法を教えるにあたり、「心斎《しんさい》」という言葉を使って説明します。

「おまえは心の働きを統一するがよい。耳で聞くのではなく心で聞くようにし、さらに、心で聞くのではなく〝気〟によって聞くようにしなさい。耳は音を聞くだけであるし、心は外から来たものを認識するだけだが、〝気〟というものはそれ自体が空虚であるから、どんなものでも受け入れる。真実の道は、こういう空虚な状態であってこそ定着する。この空虚な状態にすることが〝心斎〟なのだ」と。

端的に言えば、自分の考えで頭の中がいっぱいになっていると、せっかくの教えも耳に入ってこないということですね。それに対し、空虚な状態であれば、その空間に相手の言葉が入ってくる。そこが持論で満ちていれば、入る余地がありませんから。

渡部　『荘子』の原文で言えば、「心は符に止まる」の「符」というのがおもしろいですね。「符」とは割り符のことで、自分の心に割り符の半分を持っているわけです。そして、それに合ったような話には、すぐに飛びつく。

中山　だから、自分の聞きたい話だけを聞くわけですね。

渡部　ええ、そうです。そこで、ここでは「心」と「気」というものを別にしているわけです。「気」は空虚であって、来たるものを待つ、と。

中山　実生活でも、「気によって聞く」ところまで行けば理想的ですが、そこまで行かなくても、相手の言葉の奥には相手の心があり、それが自分の「符」と合わない場合もあるということだけは、理解しておいたほうがよさそうですね。これは私の恩師から、目上の方と接するときには特に必要な心がけだと教わったことでもあります。前にも申し上げましたが、「言外の理」を悟ることの大切さです。

渡部　「言外の理」を汲《く》み取るには、自分中心の予断や憶測があってはできません。「符」の話の中で言うと、要するに先入観を去れということですね。ものを聞くときは、先入観をなくして聞かなければいけない。先入観を破るというのは、ありがたいことなんですよ。

私も郷里の中学では「中世のヨーロッパは暗黒時代だ」と教わったものです。当時は日本全国、どこの学校でもそのように教えていたと思いますが……。ところが上京して上智大学に入ったら、ロゲンドルフ先生から「ギリシアやローマは輝かしい古代と言うが、大学は一つもなかった。今残っている有名な大学は、すべて中世にできたものだ」とうかがったのです。

考えてみたら、日本の西洋史学は明治二十年に東大に史学科ができたとき、ドイツからやって来たリースによって講じられるようになったわけです。すると、リースはプロテスタント史学ですから、プロテスタントから見れば中世は暗黒時代でしょう。だから、日本人はずっと中世を暗黒だと思ってきた。最近、ようやくあまり言われなくなってきました。

中山　歴史と言えば、先ほどの人の話の聞き方を考えさせるエピソードが、日本史の中にもたくさんありますね。

例えば、大久保彦左衛門の『三河物語』や、司馬遼太郎の『覇王の家』に、格好の事件が取り上げられています。それは徳川家康の嫡子である信康切腹の顛末《てんまつ》です。信康の行状について織田信長から問い質された酒井忠次は、家康の重臣として厚い信頼を受けていたにもかかわらず、信康を十分に弁護することがなかった。そのために、家康は信康に切腹を命じざるをえなくなったとされます。この事件には諸説あって真相は藪《やぶ》の中なのですが、家康が長男に自刃を命じたとはいえ、家来としてこれを助けるのが情であると考えるのが一般的でしょう。信康の切腹は家康の意志だという説もありますが、家康は後年まで信康を惜しんだとも言われますので、本心ではなかったのかもしれません。果たして酒井は家康の声を耳で聞いたのか、心で聞いたのか、それとも「気」で聞いたのか。

渡部　それほど人の話を「気」で聞くのは難しいことなのです。

知其不可奈何、而安之若命、德之至也。

其《そ》の奈何《いかん》ともすべからざるを知りて、これに安んじ命《めい》に若《したが》うは、徳の至りなり。

運命を受け入れる

中山　次は葉公子高《しょうこうしこう》という人物が、楚《そ》王の使者として斉《せい》の国へ赴くことになったとき、孔子にアドバイスを求める話です。

楚は南方の大国、斉は東方の大国ですから、その外交交渉を任された葉公は大変なプレッシャーを感じていたに違いありません。それに対して孔子は、「人の力ではどうすることもできない事柄をよくわきまえて、その境涯に身を落ち着け、運命に従っていくのが最高の徳なのです」と答えています。一言で言えば、運命の受容、あるいは肯定ということですね。

廣池千九郎は、どのような困難に直面したときでも人生を主体的、積極的に生きていくための心の姿勢として「自《みずか》ら運命の責めを負うて感謝す」という格言を残しています。願わくは「感謝」という心境まで、と思うのですが、前半の「運命の責めを負う」という考え方は、日本人としても受け入れやすいのではないかと思います。

渡部　そしてその『荘子』の言葉が「孔子いわく」として、孔子に語らせているところがおもしろい。だから「荘子版論語」ですね。

中山　ええ、これがどうして孔子のアンチテーゼたる『荘子』につながるかと言えば、善悪とか幸不幸というものは人間の主観であって、本来はその区別などないという発想が『荘子』にあるからですね。これが「斉物論篇《せいぶつろん》」で見た「万物《ばんぶつ》斉同《せいどう》」の道理です。幸も不幸も人間が分けるもので、本当は幸も不幸もないんだという発想から、「これに安んじ命《めい》に若《したが》う」という言葉が生まれるのでしょう。

渡部　さらにここで、孔子は受け入れるべき運命として「天下に大戒《たいかい》二つあり」と言っています。一つは子が親を愛する「命」、もう一つは臣下が君主に仕える「義」ということです。

そして葉公は今、君主に命じられて危ないところへ行こうとしているわけですが、孔子は結局「ためらうことなく斉の国に出かけたらよろしい」と言うわけです。わが身のことは忘れて、務めを果たせということですね。これはもう、楠木正成のようです。

中山　実に立派なことで、孔子的ですね。

渡部　事実、立派で、荘子的ではないとも言えます。

中山　孔子をして語らしめれば、『荘子』でもこうなるということでしょうか。

渡部　主語が孔子なのだから、仕方がないということですね。

汝不知夫蟷螂乎。怒其臂以當車轍。不知其不勝任也。是其才之美者也。

汝《なんじ》は夫《か》の蟷螂《とうろう》を知らざるか。其《そ》の臂《うで》を怒《はげ》まして以《もっ》て車轍《しゃてつ》に当たる。其《そ》の任に勝《た》えざるを知らざるなり。其《そ》の才の美を是《ぜ》とする者なり。

一長に誇らず心を虚しくする

中山　これは顔闔《がんこう》という賢人が暴君に仕えることになったとき、その国において賢大夫と名高い蘧伯玉《きょはくぎょく》という人から受けたアドバイスです。

「あなたはカマキリを知っているでしょう。自分の力ではかなわないことを知らず、腕を振り上げて車の前に立ちふさがって、結局はひき殺されてしまう。これは自分の才能の美を恃《たの》みとするものの末路です」と。

「一長《いっちょう》に誇らず心を虚しくして短《たん》を補う」と言いますか、やはり自分の得意分野だけを誇ろうとするとカマキリのような高慢心が出る。そんな高飛車な行いはせず、空虚な気持ちにならなければいけないということですね。

渡部　そうしなければ、簡単に潰《つぶ》されてしまう。

「夫《か》の蟷螂《とうろう》を知らざるか」というのはいいですね。これは個人の戒めとしても重要ですが、国のレベルでも非常に考えさせられる言葉です。

この前の戦争は、われわれはそう思わなかったけれど、もしかしたらカマキリのようなものだったのかもしれません。考えてみたらイギリスやオランダ、それからソ連まで敵にして、しかもアメリカと真っ正面からぶつかったわけですから。どう考えても勝てるわけがないですね。

外交に当たる際は、こういうことをよくよく考えないといけません。私としては、今の中国がカマキリであることを期待したいのですが……。

人皆知有用之用、而莫知无用之用也。

人は皆有用の用を知るも、無用の用を知ることなきなり。

有能・有用でなくていい

中山　これは『荘子』の中でも重要なところで、孔子が楚《そ》の国へ行ったとき、楚の隠者が孔子の道徳的理想主義を批判して言った言葉です。「人は皆、〝有用なもの〟が役立つことは分かっていても、〝無用なもの〟が役に立つことは知らない」と。一見して無用と思われるものの価値を説く「無用の用」の哲学ですね。

要するに、あるものが有用か無用かというのは、われわれ人間の主観的な判断の産物だというわけです。しかし「万物斉同《ばんぶつせいどう》」という立場から見れば、有用無用という差はなくなる。「世の中に存在するものは、すべて必要だから存在している」という発想のようにも思えます。

渡部　この前の部分には大木の例も出てくるのですが、なまじっか有用であると材木にされたり、実をもぎ取られたり、薪《たきぎ》にされて燃やされたりするわけです。ニッケイの木は香辛料になるから切られるし、漆の木も樹液が役に立つから傷つけられる。だから本当に役に立たないような木が大木になって、いつまでも残っている。日本で言えば鎮守の森の木ですよ。

ですから個人の心がけとしては、あまり有能さを示してこき使われないよう、適当にやるような気持ちも、どこかにあったほうがいいのではないか、というぐらいですね。

中山　無理をするのではなく、あるがままでいい。使われなかったとしても、そのままでいいではないかと。

渡部　ええ、「窓際族」と言われるような場合でも、そう悟ればいいのです。私は大学教授になった教え子たちとよく話すのですが、われわれがやっているような英語学なんて、今の世の中で何の役に立つのかと言われれば、絶対役に立ちません。

中山　実用的な英会話というわけではありませんからね。

渡部　しかし、ここがありがたいのです。「絶対役に立たないこと」で生きることが許されているのは、超特権と言っていい。しかも、定年になっても怖くありません。もともと役に立たないことばかりやっていたわけですから、定年退職したら「好きなことだけをする時間」が増えるだけです。だから、役に立たなかったことの用が生きてくるよ、と。

中山　まさに『荘子』の応用編の話で、特に私たちのような人文系の学者に当てはまりそうですね。

渡部　同じ学者でも、会社の研究所に勤める場合はちょっと違うかと思いますが、大学は「役に立たない研究」をする人が必要なんですよ。

中山　今では理系がもてはやされ、大学教育では教養が解体されてしまいましたね。昔は「デカンショ」と言って、学生がこぞってデカルト、カント、ショーペンハウエルなどの骨のある哲学書を読んだ時代もあったそうですが、今では大学の大衆化の影響もあってか、そういうこともやらなくなりました。

渡部　役に立つことばかりやるようになってしまいましたね。昔は風格のある先生がいましたよ。例えば、明治以後の漢文なんて、学んでも何かの役に立つわけではないのに、漢文の先生になって泰然としている人もいますしね。

教育哲学会の初代会長を務められた稲富栄次郎先生から、いつだったかこんな話をうかがいました。「本当の大学教育なんていうのは、十九世紀のオックスフォード、ケンブリッジにしかなかったよ」と。それは何の役にも立たないことばかりやる、というわけですが、おかしなもので、そのころのイギリスがダントツで尊敬されていたのです。

中山　結局、有用か無用かということにとらわれていては、物事の一面しか見ることができませんね。二宮尊徳は、あらゆる対立や制約を超えて、すべてを一つの円の中に見いだす「一円仁」の哲学を説きました。私たちはともすると「有用の用」だけに目が行きがちですが、それだけなら「半円の見」でしょう。「有用の用」だけでなく、「無用の用」も同じ地平で見てこそ、「一円の見」と言えるのではないかと。何を見るにつけ、「一円に御法《みのり》正しき月夜かな」という心境に到達できればと思います。

第五章　徳に満ちた人——徳充符篇

「明鏡止水」の心

中山　続いて「徳充符篇《とくじゅうふ》」を見ていきたいと思います。「徳充符」というのは、徳が心の内に満ちた「しるし（符）」ですから、ここは「内面に徳が満ちていれば、それが外に〝しるし〟となって現れる」ということを説いた部分ですね。そして、ここには「兀者《ごっしゃ》」と言って、刑罰として足を切られた人をはじめ、身体の不自由な人がたくさん登場します。

渡部　冒頭の話に登場する魯《ろ》の王駘《おうたい》という人物も兀者です。ところが、罪を犯して刑罰を受けた人であるにもかかわらず、人望があって、孔子と同じくらい大勢の弟子がいるというわけです。ここには孔子自身も登場するのですが、王駘のことを「あの人は聖人だ」と言って、非常に褒めています。

中山　孔子は王駘について「無仮《むか》を審《つまび》らかにして、物と遷《うつ》らず、物の化を命《めい》として其《そ》の宗《そう》を守るなり」と言っていますね。「現象によって心を動かされること

なく、事物の変化はすべて運命によるものとしてそれに任せ、自分自身は根本の道を守っているのだ」と。つまり、運命をあるがままに受け入れる王駘の生き方に「徳」を見いだしているわけですね。

また、孔子はここで「人は流水に鑑《かがみ》すること莫《な》くして、止水に鑑す」とも言っています。「人は流れる水を鏡とはせず、静止した水面に自分を映して見る」と。「明鏡《めいきょう》止水《しすい》」の心があってこそ、人に感化を自然に与えることができるのだということでしょう。

鑑明則塵垢不止、止則不明也。久與賢人處、則无過。

鑑《かがみ》明らかなれば則《すなわ》ち塵垢《じんこう》止まらず、止まれば則《すなわ》ち明らかならず。久しく賢人と処《お》れば、則《すなわ》ち過《あやま》ちなし。

感化こそ教育の根本

中山　では、順番に見ていきましょう。次に取り上げるのも申徒嘉《しんとか》という兀者《ごっしゃ》の話です。

この人は伯昏無人《はくこんむじん》という師について学んでいたのですが、同門に鄭《てい》の国の宰相である子産《しさん》がいました。ところが子産は、前科のある申徒嘉と同席することを嫌がって、遠ざけようとします。

そのとき申徒嘉が言った言葉です。「鏡が光っていれば、塵《ちり》は付かないものだ。塵が付くのは、鏡が曇っているからだ」と。

渡部　これはさまざまなことに適用できる言葉です。

有名なところでは、一九九〇年代のニューヨークでルドルフ・ジュリアーニ市長が行った治安対策もそうですね。これは「壊れた窓をそのまま放置すると、人の目が行き届いていない場所と見なされ、犯罪が起こりやすくなる」という「割れ窓理論」に基づく犯罪防止策だったわけですが、街中の破れたガラス窓を修理し、落書きを消して回り、軽犯罪を徹底して取り締まった結果、殺人や強盗などの凶悪犯罪が大幅に減少したと言います。

中山　まさに「きちんと磨いてある鏡には塵は付かない」という実例ですね。ここには、続いて「長い間賢人と一緒にいると、過ちはなくなる」とあります。申徒嘉は「師のもとで学ぶようになって十九年、自分が刑罰を受けて足を失った人間であることを気にしたことはない」とも言っています。そのような心境になったのも、やはり「賢人と処《お》れば」ということなのでしょう。師に教えを請うて学ぶうちに考え方が変わったということですね。

渡部　これが教育の根本でしょう。立派な師の感化を受けて、引け目を感じていた点も気にならなくなってくるということですね。

ここまで切実な話ではないのですが、私は学生時代、みずから好んで貧乏生活を送っていました。よれよれの服に穴の開いた靴でも、まったく恥ずかしくはなかった。それはなぜかと考えてみると、子供のころに読んだ偉人伝が影響していたように思います。

あのころに読んだものはだいたい講談社の本でしたが、新井白石にしても荻生《おぎゅう》徂徠《そらい》にしても、偉い人はみんな貧乏なのです。そうすると、うんと貧乏でなければ偉い学者になれないような気がしてくる。ですから直接師事したわけではなくても、本を読んでその思想や言行に触れるだけで、そういう影響があるのです。

中山　そのお話をうかがっていると、『孟子』（離婁下）の「予私《われひそ》かにこれを人よりうけて淑《よし》とするなり」という言葉を思い出しますね。孟子は孔子が亡くなってから約百年後に生まれた人ですから、直接教えを受けることはできなかったわけですが、人を介してその教えを受け継ぎ、修養を積んだわけです。ここから、直接に教えは受けないが、ひそかにその人を師と考えて尊敬し、模範として学ぶことを意味する「私淑《ししゅく》」という言葉が生まれました。

私も渡部先生に薦めていただいて、昭和初期に大日本雄弁会講談社から刊行された『修養全集』を古書店で買い求めたのですが、学ぶところの多いすばらしい内容でした。残念ながら、現在は、この手の大著が日の目を見ない時代です。

確かに昔は文学者と言われる先生も、貧乏を楽しんでいるようなところがありました。ところが最近は、外見しか見ないような風潮がありますね。

その典型的な例が、一部のマスコミの皇室報道です。例えば、皇太子妃殿下がどのようなものをお召しになっているとか、ファッションばかりに目がいくようです。天皇陛下が宮中でどのようなことをなさっているのか、どのように随神《かんながら》の道を実践していらっしゃるのかといったことは、ほとんど報道されません。何事も、もっと内面の豊かさを重視するべきだと思うのですが……。

渡部　まったくですね。困ったものです。

それからもう一つ、私はこの話の中で、中徒嘉が自分の運命をどうとらえているかという点に注目したいと思います。

中徒嘉は、過ちによって足を失ったというみずからの運命を、決して否定的にとらえてはいません。それは伯昏無人という師に出会うことができたからなのでしょう。

英語で blessing in disguise（不幸に見えて実はありがたいもの）という言葉があり

ます。私自身も今、この年になって、ありがたかったなあと思うのは、若いころに学資がなかったことなのです。大学には日本育英会のほか、郷里の奨学金を二つばかりいただいて通いました。そのために、思いもよらない出会いがあったわけです。

郷里の奨学金というのは、旧藩主酒井家と酒田の本間家が運営する荘内育英会と、鶴岡の風間家によるものでした。奨学金をいただいて挨拶《あいさつ》にうかがうと、本間のご当主さんと向かい合って食事をごちそうになったり、夏休みに帰省したときは、酒井の殿様がビールとだだちゃ豆を出してくださったりするわけです。

中山　酒田の本間家、鶴岡の風間家と言えば、かつて庄内地方で大変な栄華を誇った豪商ですよね。普通の学生生活では巡り会えないような名士との出会いがあったわけですね。

渡部　ええ、私は今でも鶴岡に根があるのですが、これはやはり当時、そうした人たちと出会うことができた名残です。

荘内育英会は事務的に送金されてくるのではなくて、昔この奨学金によって教育を受けた人の家を訪ねることになっていました。大学の学長であるとか、立派な方ばかりでしたが、自分も昔お世話になっているからと、一介の学生にきちんとしたおもてなしをして、いろいろな話を聞かせてくださるのです。

大学院を出た後にドイツやイギリスへ留学できたのも、まったくお金がなかったからです。当時はお金持ちでも留学できなかったわけですから。なまじっかな金はないほうがいい。

中山　まさに blessing in disguise というわけですね。

渡部　そう考えると、足を失った運命を肯定する申徒嘉は、偉いものです。

中山　マイナス体験をプラスに変える発想の豊かさがありますね。世の中の不幸の種は尽きないけれども、自分の考え方一つでそれは幸福の種にもなると思うことができれば、生きる希望も湧《わ》いてくるというものです。幸不幸を分けるのはわれわれの主観であって、発想を転換することで、人生は「すばらしい」と思えてくる。まさに「運命への愛」ですね。

渡部　事実は変わらなくても、受けとめ方によって変わるものもあるのです。

和而不唱。

和《わ》して唱《とな》えず。

「傾聴」の教育的効果

中山　これは衛《えい》の哀駘它《あいたいだ》という器量の悪い男の話に出てくる一節です。哀駘它は「世間をびっくりさせるほどの醜さ」なのですが、多くの人から好かれていて、誰でもひとたび一緒に過ごせばそのそばを離れがたく思うし、「結婚できなくてもいいから愛人になりたい」と言う女性がたくさんいるという。では、どうしてそうなるのか。その疑問を解く鍵《かぎ》は、どうも「和して唱えず」という、この哀駘它の態度にあるらしいのですね。すなわち「他人に同調するだけで自分からは主張しない」ということです。これはあながち付和雷同というような、悪い意味でもないように思うのですが……。

渡部　『論語』に「君子は和して同ぜず」（子路篇）というのがありますね。

中山　ええ、君子は誰とでも協調はするが、自分の道徳的主体性を忘れてまで人に合わせるようなことはしないということですね。

私はむしろ、現代のカウンセリングと共通するところがあるような気がするのです。個人的なことを申し上げて恐縮ですが、家内はカウンセラーの仕事をしていて、「傾聴」という言葉をよく口にします。また、私に対しても「自分の意見を通す前に、まず相手の言うことを受けとめたほうがいいわよ」といったアドバイスをしてくれることもあります。ただし、人間関係が濃密な夫婦間では、なかなか「傾聴」が成立しないのですが（笑）。何事も自分の意見を言う前に、まず相手を内面から理解することが必要だということなのでしょうね。

この哀駘它のように、語らないで聞くということも、ある意味では非常に有効なコミュニケーションの方法かもしれません。

確かに、議論をするときでも、自分の主張だけを押し通して、理論で相手の言うことをねじ伏せようとすれば、必ず嫌われますよね。

渡部　それと関連して、こんな話がありますよ。あるところに、ひたすら他人の文句を聞く人がいたのです。ところが、その人の世間での評判はどうだったかと言うと「あの人はお話が上手だ」と。黙って話を聞いているだけで、しゃべっている人にそう思わせてしまうわけです。

中山　「話し上手は聞き上手」なのでしょうね。

渡部　実は、うちの母も口が堅い人でした。それで、わが家にしょっちゅう近所のおばさんたちがやって来て、いろいろなことをしゃべるのです。だから、近所の話はみんな知っていたと思いますが、母は人の悪口を言いません。相づちを打つだけで、黙って相手の話を聞いているのですが、やはり話し上手のように言われていましたね。

カウンセリングというのは、ただひたすら聞くわけですよね。考えてみたら、教会で行われる告白も同じようなものかもしれない。ゆるしを求めて、昔は密室の中で長々と話したのでしょう。神父さんはそれをただただ聞いて、最後は「一緒に祈りましょう」と言うくらいなのではないでしょうか。

ですから、ただひたすら聞くということだけでも、たいした教育なのです。あれは知恵と言っていい。

中山　確かに、大学で学生の相談を受けるときも、教師が上から目線で意見を言うより、学生の話を真剣に聞いたほうが、やはり相手は「話を聞いてもらった」という安堵《あんど》感を抱き、納得して帰りますね。これは最近、私が実際に体験したことでもあります。やはり人間、そういうところがあるのでしょうね。

死生存亡、窮達貧富、賢與不肖、毀譽、飢渇、寒暑、是事之變、命之行也。……使之和豫、通而不失於兌、使日夜无郤、而與物爲春。

死生存亡、窮達《きゅうたつ》貧富、賢不肖《ふしょう》、毀誉《きよ》、飢渇《きかつ》、寒暑は、是《こ》れ事の変にして命《めい》の行なり。……これをして和豫《わよ》せしめ、通じて兌《よろこび》を失わず、日夜をして郤《ひま》なからしめて、物と春を為《な》す。

春のような人柄

中山　これも哀駘它《あいたいだ》の話の続きです。「死生存亡、困窮と栄達、貧富、賢愚、毀誉《きよ》、飢えと渇き、寒さと暑さなどは、事象の変化であり、運命の流転である。それらすべての変化を調和した楽しいものと見て、どんな場合にも満足の喜びを持ち続け、日夜絶えず、万物と共に春のような和やかさで生きていく」とあります。要するに、すべてのことを喜びの心で受け入れるということですね。

先ほども運命の肯定というお話がありましたが、私の非常に好きな言葉の一つに、廣池千九郎の格言、「温情春のごとく善人敬い慕う」があります。いかなる状況、いかなる運命にあっても感謝をする人には、春のごとき温かみが感じられて、周囲に人が集まってくるという意味です。

渡部　それは表現が実にうまい。

ただ、世の中には秋と為す人もいるのです。若いころはあまり感じなかったように思いますが、やはり年を取ると、こういうことはしみじみ感じられますね。

中山　春にせよ、秋にせよ、人を惹《ひ》きつけるか否かは、やはりこうした人柄の魅力、内面の問題なのでしょうね。

この哀駘它の次の話にも「徳に長ずる所あれば、而《すなわ》ち形に忘るる所あり。人は其《そ》の忘る所《べ》きを忘れずして、其《そ》の忘れざる所《べ》きを忘る」という一節があります。「内面の徳が優れていると、外の形などはどうでもよくなってくるものだ。ところが世間の人々は、忘れてもよい外形のことは忘れないで、忘れてはならない内面のことを忘れている」ということです。

若いころは、スタイルとか顔の美醜とかを必要以上に気にするものですが、こういうところを読むと「外面なんて関係ないな」と思えてきますね。

渡部　人との関係でも、相手の内面に触れるにつれて外面など関係ないと思えてきますよ。ある程度親しくなると、外面など全然気にならなくなるものです。例えば、自分の女房の外見を気にするかというと、普通はしません。忘れています。

中山　そういえば昔、渡部先生から「結婚相手の条件」をうかがったことがありましたね。

渡部　あれはもっと昔に私の恩師から教わったことなのですが……。若いときは、美女がいいと思うものだと。それが結婚してみると、とにかく体が丈夫でないと困る。昔はコンビニなんてありませんから、奥さんが病気をしたら、ご飯をつくってくれる人がいないわけですよね。そのうちに子供が大きくなって学校へ行くようになると、「頭のいい女性がよかったな」と思う。そして年を取ると、とにかく優しい女性がいいんだって。

中山　それをすべて満たす女性を見つけるのは、難しいですね。もちろん男性もそうでしょうが。

渡部　ええ、難しいです。最初と最後だけはよく分かるのですが。

中山　どのような相手でも「物と春を為す」という気持ちで接したいものですね。

道與之貌、天與之形。无以好惡內傷其身。

道これに貌《すがた》を与え、天これに形を与う。好悪《こうお》を以《もっ》て内に其《そ》の身を傷《やぶ》ることなし。

外見の好悪で自分自身を傷つけない

中山　「徳充符篇」の最後は、恵子《けいし》と荘子との問答です。荘子は「自然の道理によって容貌《ようぼう》が与えられ、自然の働きによって体が与えられているのだ。好悪《こうお》の情によって自分自身を傷つけてはならない」と言っています。

自分の外見が好きだ、嫌いだというだけで、自分の内面を傷つけてはいけない。この言葉も味のある、なかなかいい言葉だと思うんですね。なるよう、いくよう、天然自然と、すべてなりゆきに任せて受け入れたらよいと思えば、心の平安が得られます。

渡部　そう、すべて天が与えてくれたものだから、と思えばいいわけです。

今、韓国では美容整形がはやっていると言いますね。日本には昔から、そういう概念はなかったと思うのです。「身体髪膚《しんたいはっぷ》これを父母に受く、あえて毀傷《きしょう》せざるは孝の始《はじめ》なり」（『孝経』）ですから。日本の伝統的な化粧法に、ピアスみたいに穴を開けるようなものはないでしょう。

中山　確かにそうですね。でも、韓国は朱子学の国ではなかったでしょうか。

渡部　その価値観が壊れたわけです。

中山　日本でも最近は美容整形が増えてきたようですが、これは外国の影響でしょうか。

アメリカも美容整形が盛んですが、私は「歴史や伝統が浅い国では、やはり外見で人を判断するのかな」などと訝《いぶか》ってしまいます。イギリスだったら、よれよれの服を着ていたって貴族は貴族で、別にドレスアップをしなくても、英語のアクセントを聞けばその人の背景が分かるという、伝統的なところがありますよね。もっとも、今はそうとも言いきれないかもしれませんが、文化的要素で自分のアイデンティティーが保てるわけですね。

渡部　それがアメリカの場合は、とにかくきれいなものを着ろ、となる。何かの本で読みましたが、勤めに出るときに特別いい生地で洋服を仕立てるとやはりそれが成功につながる、と言われたりするそうです。その人の背景を調べている暇はありませんから、「きちんとした身なりの人だったら、きちんとしているだろう」と。

日本もだんだん、特に東京なんかはそうなってきました。その意味で、東京は暮らしいいところですよ。アメリカもその意味では暮らしやすい。

中山　人と人とを分かつ垣根が低いわけですね。その点、イギリスの場合は人間関係を築くのに結構時間がかかる。ただし、一度築かれた人間関係は長続きします。どちらにせよ、メリットとデメリットがあるわけです。

このへんのところに関しては、イギリス人と結婚したアメリカ人女性、ジェーン・ウォームズレーの『イギリス的生活とアメリカ的生活』（河出書房新社）という本を読めば、階級的な発想のイギリス人と平等的な発想のアメリカ人の違いが、おもしろおかしく描かれています。私もイギリスに二年ほど留学した経験がありますが、当たっていることもかなりあるなあと思いました。

渡部　私がロンドンにいたころは、電話帳に住所を記載するのはやめようという運動がありましたよ。住所で階級が分かってしまうからです。今はプライバシーが非常に問題になって、背景が分からなくなってきました。

中山　その影響でしょうか、普通、日本で電話をすると、受けた人は「はい、〇〇です」と名前を名乗りますが、イギリスでは電話番号で応答するのですね。最初は面くらいました。

渡部　考えてみると、戦後の傾向はユダヤ人が二千年間、望みに望んだことなのです。一つは国境がなくなる、あるいはあっても低くなる。それから背景は絶対に問わず、能力だけで判断する。

中山　そこで威力を発揮するのが契約というシステムですが、西洋の契約思想も、そのもとをたどれば、旧約聖書を聖典とするユダヤ思想にあると言われていますね。ユダヤ教は砂漠で生まれた宗教なので、厳しい自然環境の中で水などを確保しながら人々が共存していくには、契約が不可欠というわけです。

渡部　ええ、契約書至上主義というのもユダヤ人の特徴だと思います。典型的な白人紳士の間には「ジェントルマンズ・アグリーメント」と言って、口約束で十分だという誇りがあったと言われます。

『ヴェニスの商人』に登場する金貸しのシャイロックは、ユダヤ人ですね。シャイロックは「借りた金を返すことができない場合、胸の肉を切り取って差し出す」という契約を交わしたものの、「契約書にない血を一滴でも流せば契約違反だ」と言われ、かえって罰せられます。それを見て観衆は喝采《かっさい》するわけですが、私はあれがユダヤ人に対する教訓だと思うのです。

ユダヤ人は、シャイロックはばかだと思うでしょうね。胸の肉を取ると言ったら、なぜそのとき「流れる血は、これを問わないものとする」とか、「切られた者が死んでも、その責任は問わないものとする」というところまで書かなかったのか、と。

そうしたことを考えると、ある意味では細かい契約をつくる社会は、ユダヤ人が望んでいたほうに世の中が移り変わっているな、という感じがしますね。

中山　容貌の話題から、いつの間にか世界のユダヤ化まで話が進んでしまいました。ある一つの事柄について考えていても、それに関連するいろいろな歴史的・文化的背景を論じたくなりますが、この続きは別の機会に譲って『荘子』に戻るとしましょうか。

第六章　「真人」への道——大宗師篇

自然の道理を知る

中山　さて、六番目は「大宗師篇《だいそうし》」です。「大宗師」とは、大いに中心とし、師とすべきもの。一言で言えば「道」というものですね。そして、その「道」を得た人を「真人《しんじん》」と呼んで、それはどういう存在かということが、ここで説明されていきます。

渡部　この『荘子』の「真人」という概念は、『論語』の「仁者」みたいなものでしょうね。一種の理想の人ということで。

中山　そのようですね。「大宗師篇」の冒頭には「天の為《な》す所を知り、人の為す所を知る者は、至れり」とあります。すなわち「自然の営み、人間の営みを認識するものは、人知として最高である」と。自然と人為を支配する法則を究めることこそ最高の知であり、これを成し得た人を「真人」と呼ぶわけですね。

しかし、ここにも問題がないわけではない。例えば、自然と人間の境界がはっきりしないということがあります。そこで荘子は「真人ありて、而《しか》る後に真知あり」、真人がいてこそ、はじめて真実の知識があるとするわけですが、それらが何を意味するのかということですね。では、具体的に見ていきたいと思います。

古之眞人不逆寡、不雄成、不謩士。……若然者、登高不慄、入水不濡、入火不熱。是知之能登假於道也若此。

古《いにし》えの真人《しんじん》は寡《とぼ》しきにも逆らわず、成《さか》んなるにも雄《ほこ》らず、士《こと》を謩《はか》らず。……然《か》くの若《ごと》き者は、高きに登るも慄《おそ》れず、水に入《い》るも濡《ぬ》れず、火に入《い》るも熱からず。是《こ》れ知の能《よ》く道に登仮《とうか》するや、此《か》くの若《ごと》し。

「天寿を全うする」という思想

中山　「真知」とは何かということを知るには、「真人」について分からないと、話が進みません。というわけで、まずは「真人とはどういうものか」と、みずから問題を提起しています。それに対して「昔の真人は逆境のときも逆らわず、栄達のときも勇み立たず、万事をあるがままに任せて思慮をめぐらすことがなかった。……こうした境地にある人は、高いところへ登ってもびくびくせず、水の中に入っても濡《ぬ》れることがなく、火の中に入っても熱くはない」とあるわけです。知が「道」に到達した人の様子は、こういうものだということですね。

渡部　火に入っても熱くないというあたりは、織田信長の軍隊が甲州に入って恵林寺《えりんじ》に火をかけたとき、快川《かいせん》和尚が「心頭滅却すれば火もまた涼し」と唱えて死んでいったという逸話がありますね。ですから「真人」というのは、禅宗で理想とする人とも似ているように思います。

中山　ええ、似ていますね。特に『荘子』の場合、「真人」がどんなことが起こっても泰然自若としていられるのは、「道」という自然の道理を悟っていればこそなのでしょうね。

これを応用すると、私たち自身も自然現象の一つとしてこの地球上に生かされているという真理に思いを致せば、人生におけるプラスの出来事もマイナスの出来事も「自然の道理でそうなったものだ」と悟ることができるでしょう。そうすれば、あれこれと心を惑わさず、あるがままにすべてを受けとめることができる。それが現代版の「心頭滅却」ではないかと思います。

私が私淑《ししゅく》する廣池千九郎も、こうした態度を「現象の理を悟りて無我となる」という言葉で表現しています。

渡部　実に見事な表現ですね。

『荘子』では、この続きに「生を説《よろこ》ぶことを知らず、死を悪《にく》むことを知らず」とあります。「真人」は生死をも自然の道理として受けとめるわけです。

人間の知恵の及ばないところを天の道として大切にして、天寿を全うするという思想でしょう。天から与えられた命を全うするためには、一種の養生に気をつけるということにもなります。こうした『荘子』の思想が漢方の考え方にも入っていくわけですね。

中山　そのような視点で見れば、『荘子』には、仙境で暮らし、不老長寿を求めて仙術を会得しようとする仙人のような趣がありますね。

渡部　『論語』にも「仁者は寿《いのちなが》し」（雍也篇）とありますが、儒教の場合はやはり義に殉ずるところがあるわけです。『荘子』ではそういったところは避けて、長寿を全うするということを一つの理想と考えるのでしょう。それが人間の道であると。

中山　自然のままに任せるとなると、ある意味で、人為というものをまったく否定するような解釈にもなるわけですよね。儒教のように、道徳の実行という人為的な努力の結果として長寿が尊ばれるのとは違うわけです。

そのあり方は、「徳充符篇《とくじゅうふ》」で見た哀駘它《あいたいだ》の話が参考になりますね。すべては「道」の為せることであるから、じたばたせず、万事を運命としてあるがままに受けとめ、「物と春を為す」と。つまり、春のごときポジティブな精神状態であることが重要なのでしょうね。

渡部　端的に言えば、無理をするなよ、ということでしょう。これが儒教にも通じる部分のようでありながら、対立する部分でもあるわけです。

そうすると、「武」というものを否定した道徳の限界とは、どういうものかも考えなければならない。

その点では、シナという大陸には「公」の観念がないとよく言われます。日本の場合、教育勅語にも「一旦緩急《いったんかんきゅう》アレバ義勇公《ぎゆうこう》ニ奉《ほう》ジ」という文句がありますね。教育勅語の徳目には、わりと儒学の思想と通じる部分もあるわけですが、これだけはシナにはない思想であると指摘されているのです。

「一旦緩急アレバ義勇公ニ奉ジ」というのは、やはり武士の精神なんですよ。あちらにはそれがない。

中山　儒教では『孝教』という経典があるように、「孝」の概念はありますね。祖先崇拝と血族関係を重視する家父長制を支える概念で、国よりは小さな家族という共同体に奉じるわけです。

渡部　ええ、家族はそれでよいのですが、国としては成り立たないのです。今の中国の国家だって、まだ七十年ぐらいの歴史しかありません。

中山　そうですね。共産党が北京において中華人民共和国の建国を宣言したのは、一九四九年ですから。戦前戦中のことでいろいろと日本に言ってきますが、第二次大戦の後にできた国です。

それにしても、あの国は総人口が十三億五千万人を超える世界一の大国であるだけでなく、孔子の「仁」とは程遠いようですが、軍事力で勢力の拡大をめざす国になっています。その一方で「中国四千年の歴史」などと宣伝しています。ならば、シナの伝統的な思想と共産党のイデオロギーとはどのような関係になっているのですか、と尋ねてみたくなりますね。

渡部　例えば清朝を築いた満洲族なんて、大陸全体から見れば一つの小さな部族でしょう。それがシナ全土を征服した数百年間があったわけですが、西洋から外国勢が来なかったら、もっと続いていたかもしれません。

われわれ戦争を知っている世代は「一大隊あれば敵（清兵やシナ兵）の一個師団には勝てる」と聞いたものです。大隊に対して師団というのは桁違《けたちが》いの規模ですが、いざとなったら吶喊《とっかん》として突入すれば敵は必ず逃げるから、と。だから『荘子』や『論語』の教えは、そういう個人の面では徹底していたのではないかと思います。

つまり、これは平和な時代を生きる道ではあるけれど、平和でないときはさてどうするかということは、別に考えなければならないのです。

中山　それは、有事の際にどうするかということですね。

渡部　これが難しいのです。

キリスト教だって、それを解決していると言えるかどうか。「右の頬を打たれたら左の頬を出せ」と言いますから、キリスト教の君主は外敵と戦うわけにはいかないのでしょうが、戦った人にはアルフレッド・ザ・グレートとかコンスタンティヌス・ザ・グレートというように「ザ・グレート」がつく。本当に右の頬を打たれたら左を出し、上着を取られたら下着も出すというふうにしていたら、国はもたないし、キリスト教はなくなっているはずです。

中山　「右の頬を打たれたら左の頬を出せ」とは言われていますが、そのキリスト教の教義自体も、もとは自然の厳しい砂漠の宗教から生まれたせいか、日本人が考えているような完全な無抵抗主義あるいは無条件の平和主義ではないように思えますね。

例えば、新約聖書には、イエスによるエルサレム神殿事件について記されています。それは、イエスが神殿の庭で牛、羊、鳩《はと》を売る者や両替商などが座り込んでいるのを見て、縄でむちをつくり、羊も牛も皆追い出して、両替商の金を散らし、その台をひっくり返して追い出したという事件です。イエス自身が許しがたいと考えた、神殿で商売をするという行為に対しては、思い切った実力行使に出ているわけです。そして都に帰る途中で空腹を覚えたイエスは、実がなっていないいちじくの木を呪《のろ》っています。

渡部　キリスト教については私も分からないところはありますが、キリスト教をめぐって書き留められたバイブルというものは、たくさんあったのでしょう。

それをカトリック教会が一つ一つ判断して今のバイブル（新約聖書）ができたという歴史的経緯があります。

中山　新約聖書という書物は、『古事記』（七一二年）や『日本書紀』（七二〇年）のように、一つの書物として成立した時期が明確なものとは違い、初期キリスト教会に伝承されてきたいろいろな文書を集成し、三百年近い時間をかけて次第に正典化されたものですね。

渡部　そうでなければ、考えられないことがあるということです。話を東洋に戻せば、シナの歴史というのはこの四千年間、次から次へと異民族によって征服されてきた歴史ですよね。だから「国に奉じる」という考え方は発達しなかったのでしょう。

ですから、人間の修養とか考え方というものは、二つの見地から見なければいけない。天寿を全うするというのは、個人の生き方としては重要です。しかし国というレベルで考えると、よいとは言いきれないかもしれません。

死生命也。其有夜旦之常天也。人之有所不得與、皆物之情也。……故善吾生者、乃所以善吾死也。

死生は命《めい》なり。其《そ》の夜旦《やたん》の常あるは天なり。人の与《あずか》るを得ざる所あるは、皆物の情なり。……故《ゆえ》に吾《わ》が生を善《よ》しとする者は、乃《すなわ》ち吾《わ》が死を善《よ》しとする所以《ゆえん》なり。

死後の世界は「パスカルの賭け」でよい

中山　次は生と死がテーマですが、これはいつの時代にも共通する普遍的な問題なので、いろいろと考えさせられますね。

まず、荘子は「死があり、生があるのは運命である。夜と朝があるのは自然の姿である。そのように、人間の力ではどうすることもできない点のあるのが万物の真相である。……だから、自分の生をよしと認めることは、つまり自分の死をもよしとしたことになるのである」と述べています。

さらに、この続きには「夭《わか》きを善しとし老いを善しとし、始めを善しとし終わりを善しとす」という一文もあります。「若さも老いも、生まれることも死ぬこともよしとする」というほどの意味だと思うのですが、死をよしとする死生観というのは、すごい発想ですよね。

渡部　これは、個人の生き方として非常にいいですね。

中山　ええ、若いのもいいし、年を取るのもいいし、すべていいのだというのですから、老若男女すべての人に当てはまります。

とはいえ、まだその心境に至っていない私は「自分の生命がなくなってしまう」ということに対して、怖いと感じることがありますね。ところが三年前に雑誌でご高齢の女性の記事を読み、こういう考え方もあるのか、と思いました。

その女性は日本画家の堀文子さんで、当時すでに九十四歳というご高齢ですが、「九十代は初めてのこと。なってみないと分からないものです。五十代のころは死が怖かったのですが、今は自分の中に死がおりますので、穏やかな感じになりました。〝生命〟は生きるときは生きるし、死ぬときは死ぬ。今を一心不乱に生きていればいいのだと思います」と語っておられます。年を重ねてくると、こういう境地になるものなのでしょうか。

そう考えると、この『荘子』の「死も生もいいものだ」というのも、九十代ぐらいの老境に入った人の考え方のように思えるのですが……。

渡部　実は、私は老境ということに非常に興味がありまして、九十、百まで長生きをされた著名な方々と対談をする機会もずいぶんありました。漢文学者の白川静先生や、哲学者の中川秀恭《ひでやす》先生にもお会いしましたね。

そうすると、あくまで一般論としてですが、やはり九十とか九十五くらいまでは、何だかまだ生臭いような気がするのです。

中山　まだ生臭いとは、どういう意味でしょうか。

渡部　生に執着があるように思える、と言ったほうがよいでしょうか。ところがそれを超えると、何かが抜けるようなのです。

印象的だったのは中川秀恭先生です。この方は隠岐《おき》の島の出身で、戦前に船乗りとしてイギリスなどへ行っているうちに、キリスト教の勉強をしたくなって、立教大学に入ったそうです。そうするうちに、今度は本格的に哲学の勉強をしたくなって東北帝国大学に入り、さらにはイェール大学に留学して学位を取られました。プロテスタントのリーダーであり、国際基督《キリスト》教大学の学長も務められた方です。この先生が九十代のころにも研究会にお招きしたことがあるのですが、そのときと百歳になってお会いしたときとでは、また少し違ったのです。

九十いくつのときには、こんな話をうかがいました。ご自分の先生に当たる方で、やはりクリスチャンであった方のお話です。とても立派な学者だったそうですが、年を取られてから「悪魔が来た、悪魔が来た」とおっしゃることがあったそうなのです。そのとき、中川先生が「先生、そういうときは思い切ってキリストの懐に飛び込むしかありませんよ」とおっしゃると、その大先生も悪魔のことを言わなくなって、穏やかに亡くなっていかれたということです。

その中川先生ご自身が百歳になったときに、どう言われたか。

「いやあ、この年になりますとね、死んだからといってキリストのそばに行くとか、神様のそばに行くとか、そんなことは考えなくてもいいじゃないですか。虚空に消えるだけでいいと思いますよ」と言われたのです。趣味は夜中まで哲学の本を読むことだという、頭脳明晰《めいせき》な方ですよ。これはある意味では、うんと年を取ると、お経もバイブルもいらなくなるということです。

考えてみると、キリストが教えを説いたのは、彼が三十歳くらいのころです。それに対して、孔子は七十歳くらいまで長生きしましたよね。

中山　そうすると、そのころの孔子は、齢七十にしてすでに死に対する恐れがなくなった段階に入っていたのでしょうか。

渡部　当時の七十歳というのは、今の百歳くらいの感覚ではないかと思います。幕末の儒学者・佐藤一斎《いっさい》が八十歳になってから書いた『言志耋録《げんしてつろく》』にも、「高齢に至って亡くなった人を見ていると、あたかもみんな聖人のようだ」とあります。じたばたせず、実に穏やかに悠然と死んでいくと。こうなると、本当に長生きをして天寿を全うすると、宗教もいらないとまで極言できそうじゃないですか。荘子もこんなふうに言えるということは、やはり老境に入っていたのでしょうね。「悟りを開け」なんて言うのではなくて……。

中山　まさに自然体という感じですね。すでに自然と一体化していて、「花が咲けば枯れるから、自分も同じように朽ちよう」という感じでしょうか。

渡部　だからこれは、むしろ老人の実感としてとらえるべきだと思うのです。私は今年で八十五歳になりますが、たまに朝方、暖かくいい気持ちで寝ているときに「死というものがこの延長なら、このまま起きなくてもいいかな」と思うことがあります。中山先生はお若いから、まだだめでしょう。

中山　はい、まったくだめですね（笑）。私は今年で六十三歳になりますが、まだまだそのような気持ちにはなれそうにありません。例えば、今この場で「あなたの人生は終わりです」と言われても、この美しい地球を去るのはまさに後ろ髪を引かれる思いであり、生への未練を断ち切るのはすこぶる難しい。私はまだまだ悟りの境地には至っていない未熟者のようです。

先ほどの死の受容と年齢との相関関係についてですが、ホスピスでの終末期医療に携わる方のお話をふと思い出しました。一般的に高齢の患者に比べて、働き盛りの世代は死を受け入れにくいそうです。人間関係が豊かで離別する人の数が多く、社会的な責任も背負っているからというのがその理由です。やはり、それだけ失うものが多いということでしょうね。生に対する執着の強さと言えるかもしれません。

渡部　その執着には、生命だけではなくて、家族に対する執着もありますよね。年を取ると子供が独立したりして、奥さんも奥さんでまあ大丈夫だろう、というようなこともあるかもしれませんよ。

中山　ということは、年を取るにつれ、環境の変化が心配事を少なくしてくれるということでしょうか。

渡部　そうなってくると「何も無理をして生きなくてもいいんじゃないか」という思いが訪れる瞬間があるのかもしれませんね。

死後の世界について考えるとしたら、私はやはり「パスカルの賭《か》け」でいいと思うんです。

中山　神は存在するのか、あるいは存在しないのか。神が存在するほうに賭けておくと、この賭けに勝てばすべてを得ることができるが、負けたとしても、失うものは何もないということですね。

渡部　ええ。死後の世界も「あったら勝ち」ということですね。

中山　きっと最後は一か八《ばち》か、その賭けでいくしかないとしても、今のところは「勝負はまだこれからだ」と思っています。それで思い出すのが、お茶の間では「とんち」で有名な一休さんです。臨済宗のお坊さんで、一四八一年に享年八十八で亡くなったということですが、当時としては稀《まれ》に見る高齢者であったにもかかわらず、臨終に際して発した言葉が「まだ死にとうない」だったと伝わっています。修行を積まれた高僧でもそうですので、ましてや俗人の私をやという感じですね。

というわけで、まだ「生臭い」と言われても、その前に何かできることはないかと考えてしまいますね。先ほどもホスピスの話がありましたが、ホスピスでは、人は生きてきたように死んでいくそうです。いつも不平や怒りばかり言っていた人は、そのような死を迎えるし、感謝の心を普段から持ち続けている人は、「ありがとう」と言って死んでいくそうです。どう生きたかで死にざまが決まる。普段から心がけて、感謝の気持ちで終わりたいものですね。

もっとも、晩年になってもなお頑固で怒りっぽい老人でさえ、『クリスマス・キャロル』に登場するスクルージのように最後の最後で回心すれば、感謝の心で死を迎える機会は残されているようです。命が尽きる最後まで希望を捨ててはいけませんね。

渡部　前にお話しした郷里の育英会の大先輩で、ドイツ文学者であり歌人でもあった佐藤正能《まさよし》先生の歌に「死は生の終りにあれば　よき生を送る以外に　よき死はあらじ」というのがあります。佐藤先生には、どこか荘子に通ずる風格があるように感じられましたね。

夫道有情有信、无為无形、可受而不可傳、可得而不可見。

夫《そ》れ道は情あり信あり、為《な》すなく形なく、受《う》くべきも伝うべからず、得《う》べきも見るべからず。

書物を声に出して読むことの効用

中山　さて、そうした悟りを得るためにも「道」というものを知る必要があるわけですが、ではその「道」をどのように学べばよいのかという現実的な問題と直面するわけです。

ここには「道とは実在性があり、真実性がありながら、しわざもなければ形もないもので、体得することはできても、それを人に伝えることはできず、身につけることはできても、その形を見ることはできない」とあります。この一文だけを見ていると、道は人に伝えることができないから、個人が悟るしかないと言っているようにも思えますが。

渡部　私が今、この年になって思うのは、これも「年を取った人の実感」と言えるのではないかということです。

例えば『論語』も同じですよ。「七十にして心の欲《ほっ》するところに従って矩《のり》を踰《こ》えず」（為政篇）と言う。この齢になった私には、矩を踰えるほど悪いことなんて考えられません。どんな美人と二人で旅行をしたって、もう手も出ませんよ。数年前までは、まだ矩を踰える危険があったと思うのですが。

中山　そう言えば、古来、インドでは人生を「学生期《がくしょうき》」「家住期《かじゅうき》」「林住期《りんじゅうき》」「遊行期《ゆぎょうき》」という四つの時期に分けて考えたそうですが、後半生は森林での隠遁《いんとん》生活、さらには諸国を遍歴しての托鉢《たくはつ》生活というふうに、やはり悟りの境地に入っていくようですね。私たちも加齢に伴い、だんだんそうなってくるものでしょうか。

渡部　聖賢の書というのは、そういう見地から読まなければならないこともあります。だから教訓になるようで、ならないところもあるのです。

中山　そこでもう一度『荘子』に戻って、その「道」をどうやって学ぶかという具体的方法に焦点を当てたいと思います。私がおもしろいと思ったのは、女偊《じょう》という「道」の体得者に、そこに至る修養の過程を尋ねるくだりですね。女偊は「諸《こ》れを副墨《ふくぼく》の子に聞けり。副墨の子は諸れを洛誦《らくしょう》の孫に聞き……」と答えています。

この副墨というのは文字や文献の擬人化であって、洛誦は繰り返し暗唱することだそうです。つまり、道に至るには「まず文献を読んで学べ」「そして暗唱せよ」と。そこからどんどん進んで行って、最後は「疑始《ぎし》に聞けり」、万物のもととなる「道」に聞け、となるわけです。

特に興味深く思ったのは、「道」を求める最初の段階が文献だというところです。イギリスの哲学者フランシス・ベーコンも「読書は充実した人間をつくり、会話は機転の利く人間をつくり、書くことは正確な人間をつくる」と言っていますよね。

私は今、こうして渡部先生とお話をさせていただきながら、先生の人格的感化を受けることができますが、すでに亡くなった人、例えば麗澤大学の創立者と対話をしようとすれば、その手段は創立者の書き記した文献を読むしかないわけです。そこで毎晩、創立者が遺《のこ》した論文、日記、教訓集などの文献を読んでいるのですが、そうするうちに、ときどきその行間から創立者の声が聞こえてくるような気がするのです。つまり『論語』を読めば孔子と、『荘子』を読めば荘子とも対話できるわけですよね。これは重要なことではないかと思っています。

私の場合はもっぱら黙読ですが、渡部先生は書物を声に出して読んでいらっしゃるそうですね。それは荘子の言う「洛誦」にも通じますね。

渡部　ええ、声に出して読むことは、健康面でも重要だと思っています。

私は長生きをする人たちが信じる健康法には、大きく二つのルートがあると考えています。一つは唯物的な考え方、これは食べ物を重視するものです。

私がお会いした中でも、分子栄養学（三石理論）というものを提唱された物理学者の三石巌《みついしいわお》先生は、九十五歳まで長生きをされました。人間の体を分子レベルで考えて、特に遺伝子をフルに活動させるために必要な栄養素を摂取することを提唱し、ご自身でも実践されたわけですが、私が研究会にお招きしたときも、のっしのっしとして本当にお元気でした。ですから「食べ物によって理想の肉体をつくる」というのは、一つの長命術と言っていい。

もう一つは、オカルト的と言うのでしょうか。

正心調息法というものを提唱された医学博士の塩谷信男先生と対談をしたことがあります。子供のころは体が弱かったそうですが、呼吸法を習ってから健康になって、東京帝国大学の医学部を出て、医者になった方です。その方がおっしゃるには「水を飲まなくても二、三日は生きられるし、食べられなくても一か月くらいは生きられる。呼吸を止めたら数分間で終わりですよ」と。だから呼吸が一番重要だということで、呼吸法を工夫されたわけですが、それを実践することで百六歳の誕生日を迎える直前まで長生きをされたのです。

この極端なお二人の例を見まして、われわれ凡人は唯物的とオカルト的の真ん中へんでいいかな、と思っているわけです。

呼吸法ということで考えると、歌を歌うのもいいでしょう。

中山　そうすると、音痴な私が苦手とするカラオケですか。

渡部　カラオケだと歌詞を暗記しませんから、私は「どうせ歌うなら暗記しよう」と思っているのです。本を読むのでも、声に出して読めば「知力と結び付いた呼吸法」になりますね。

中山　なるほど。

渡部　私は英語の教師ですから英語の本を読むのですが、毎日少しずつ読んでいると、実力がついてきます。

読んでいるうちに、意味が通じないところが出てくる。なぜ通じないのだろうと思うと、知っているはずの単語なのに意味が通じないものがある。そこで辞書を引くと「廃語」とあって、「だから意味が全然違うのか」と思ったりして。

中山　そんな発見があると、いつも知的な刺激があって愉快ですよね。楽しみながら工夫をすれば、長生きも意外と自然にできることなのかもしれないという気がしてきました。

ところで、先生は人間ドックには入っていらっしゃいますか。

渡部　六十代まではやりましたが。脳ドックなんかもいいようですけれど、考えてしまうのは、この年で結果が悪かったらどうするかということですよね。

中山　ドックに入ると、健康状態をA、B、C、Dなどという区分で知らされますが、「要治療」ならば対処せざるをえないとしても、それ以外の場合なら、いろいろな細かい数値であまり神経質に悩む必要はないのかなという気もします。先日も脳ドックを受けたときに「隠れ脳梗塞《こうそく》」の疑いのある個所を指摘されましたが、では実際、どうするのかということですね。結局、「バランスのとれた腹八分目の食事と適度な運動をして、血液をサラサラにする」という常識的な方法しかなかったりするわけです。

渡部　「血液をサラサラにするために水を飲むといい」と言われたり、「水をたくさん飲むと腎臓に負担がかかる」と言われたりもしますし……。

中山　平均値や標準値はあっても、体質には個人差がありますし、何が適正なのかはよく分からない。数値は得ても健康への道は「見るべからず」ということでしょうか。

渡部　だから自分の体に聞くのです。それこそ自然に、ということで。

墮枝體黜聰明、離形去知、同於大通、此謂坐忘。

枝体《したい》を堕《こぼ》ち聡明を黜《しりぞ》け、形を離れ知を去りて、大通に同《どう》ず、此《こ》れを坐忘《ざぼう》と謂《い》う。

一切を忘れた境地

中山　この「大宗師篇」にも、孔子と顔回が登場しますね。その一つが、ここに挙げた有名な「坐忘《ざぼう》」の話です。

顔回が孔子に向かって「自分は坐忘の境地に入った」と言うわけです。それはどういうことかと孔子が尋ねると、顔回は「手足や体の存在を忘れ、耳や目を働かさず、形態を離れ、自分の知恵を去って、あの大きな自然の働きと一体になる。これを坐忘というのです」と答えた、と。

これは坐禅と似ているようにも思えますが、坐禅の場合は人為的な努力をするわけですよね。これに対して、坐忘というのは人為的な努力をすることなく、自然の働きと一つになるということでしょうか。

渡部　ここは顔回が孔子に対して生意気なことを言っているようにも見えますよね。つまり、孔子が顔回を非常に重んじたという事実を荘子は知っていて、それをひっくり返しているわけです。

まず、顔回が自分の体を忘れてと言うことからして、「身体髪膚《しんたいはっぷ》これを父母に受く」と食い違うように思います。それに対して、ここでは孔子は「大道と同体になるということは万物すべてと一体になることだから、これが好きとかこれが嫌いということはなくなる。万物の変化と一体になれば、一つのことにとらわれなくなって、かたくななところはなくなる」と言って、顔回を褒めていますね。

このあたりはギリシアの哲学者ヘラクレイトスが言った「万物流転」にも通じるように思います。

中山　しかし、ヘラクレイトスの場合は観照的というか、世界を知的に正しく認識することに特色があるわけで、仏教のようにそこから法を求め、宗教的解脱《げだつ》といった悟りに向かうわけでもないですよね。

渡部　ヘラクレイトスの場合も、断片として残ったものがそういう形だったのであって、前後に何かがくっついていたのかもしれませんよ。

『荘子』のこの部分は、無神論のようにも見えます。しかも、自分の身体も知恵も忘れるのですから、なかなか過激な話でしょう。こういうことも若いころは分かりませんでしたが、今はそういうこともありえるのかな、という感じです。自分が自分でなくなるなんてことは、まだ考えたくないでしょう。

中山 そうですね。ただ、昔、病気で入院中の恩師がお亡くなりになる前におみ舞いに行ったとき、「自分の体が自分のものではないような気がする」とおっしゃった言葉は鮮明に記憶しております。そのときはそういう感じなのかな、くらいしか思っていませんでしたが。

渡部 なるほど。このあたりは、孔子を登場させながら『論語』では触れていないところに言及しているわけです。孔子は「未《いま》だ生を知らず、焉《いずく》んぞ死を知らん」（先進篇）と言ったわけですから。

中山 そうすると、荘子はやはり「死の哲学」に大きく踏み込んでいると言えるわけですね。

渡部 その「死の哲学」が、孔子へのアンチテーゼみたいな形で出てきたのだと思います。
ですから、生きている人にとっては『論語』のほうがよく分かるんですよ。「生きるということも本当に分からないうちに、死ということが分かるものか」と言われたら、なるほどと思うけれども……。

中山　前章にもあったように、たとえ話ではありますが、『荘子』は死んだ後のことまで考えているわけですよね。

渡部　ただ、儒教でも朱子学になると、老荘思想の影響もあって『論語』とは違う独特の体系ができてくるのです。
日本に朱子学が入ったときは、何しろ島が長いものですから、方々にいろいろなことを言う学者が出てきた。徳川幕府は朱子学を採用しましたが、孔子自身の言葉を重んじるべきであるという山鹿素行《やまがそこう》などがこれを批判したりもするわけです。

中山　そう言えば、江戸時代に商人道徳の基礎を築いたと言われる石田梅岩《ばいがん》の石門心学なども、朱子学に基づいてはいるけれど、神道や仏教も取り入れ、うまく融合して「町人の哲学」を打ち立てましたよね。

渡部　心学まで至ると、世界に類のない学問ができたと言ってよいと思います。というのは、儒教でもキリスト教でもイスラム教でも皆、その教えを初めに説いた人の言うことを聞こうとするわけです。ところが心学だけは違います。まず「心がある」ということを考える。これは日本にしかできない発想だと思います。心という言葉の語源は「ころころ」ですよ。私たちの胸のあたりに「ころころ」とある。そして日本には、三種の神器にもなった勾玉《まがたま》というものがあります。勾玉って、ちょっと心臓と似ていますよね。だから、心とはあんなものだというふうにイメージできたのです。

中山　なるほど。

渡部　初めから心があるのだから、この心を磨けばいい。その磨き砂は『論語』でも仏教でも神道でもいいというのですから、世界の人間学を百八十度ひっくり返したわけです。これが日本の独特なところで、そこから宗教に対する寛容も出てくるのだと思います。

心学は非常にはやりました。普通の学問は偉い学者が上から教えるわけですが、石田梅岩は農民の息子で、京都の商家で奉公しながら勉強したわけです。だから教えるときも、上からの目線にはならない。自分で開いた講席には老若男女、学びたい人は誰でも受け入れました。

同じようなことをやって成功したのが戦前の講談社だと思います。一九二五年創刊の大衆雑誌『キング』には乃木大将や東郷元帥、楠木正成《くすのきまさしげ》も出てきますが、同時にフランクリンやネルソン、オリバー・クロムウェルなど、西洋人もたくさん登場します。その中からいいところを取りなさい、ということでしょう。それのみならず、あの時代に普通の宣教師やその奥さんまで登場させている。私が上智大学の初代学長ヘルマン・ホフマン先生を知ったのは『キング』が最初です。

中山　『キング』は名前しか知りませんが、戦前の講談社の看板雑誌で、聞くところによると、日本出版史上、発行部数が初めて百万部を超えたという国民的雑誌だったようですね。

渡部　その雑誌に載ったのがホフマン先生だったのです。「ドイツからこういう神父さんが来ている」という話で、まったく批判的ではなく紹介していたのですが、あれは心学流の考え方ですね。

講談社は当時、徳富《とくとみ》蘇峰《そほう》が「私設文部省」と言ったほどの影響力を持っていました。そして文部省は教育勅語を中心とした道徳教育だったわけですが、これも心学系統と言っていい。特定の宗教や特定の倫理学の匂いがするものは意図的に省いてありますから、「古今《ここん》ニ通ジテ謬《あやま》ラズ之《これ》ヲ中外《ちゅうがい》ニ施《ほどこ》シテ悖《もと》ラズ」とありますし、翻訳を世界に出したときも、どこからも批判は来なかったのです。

そして教育勅語の最後には、明治天皇ご自身が「咸其徳《みなそのとく》ヲ一《いつ》ニセンコトヲ庶幾《こいねが》フ」と。つまり皆で一緒にやりましょう、Do it ではなくて Let's do it です。日本の社会には、こうした心学の影響が根づいていると思います。

中山「みんなで一緒にやろう」とはまさに日本的な和の思想ですね。その点からしても、士農工商と言われた江戸時代に、一番下の商人にも Let's do it と言ったのが石田梅岩という人だと思うのです。商人にも道というものがあって、これに基づいて利益を上げれば、それは武士が俸禄をもらうのと同じだと梅岩は

『都鄙問答《とひもんどう》』で言っています。あれで商人は非常にプライドを持ったと思います。

渡部　ええ、ですから非常に人気でした。私が二、三十年前に知り合ったある百貨店のオーナーも「うちは心学ですよ」と言っていましたね。商家では皆、心学を学んで、プライドを持ったのです。

中山　日本には創業二百年以上の老舗《しにせ》が三千社以上もあって、これは世界一だと言われますね。それは道徳と大いに関係があると思うのですが、やはりこうした心学の教えがあってこそではないかと思うのです。

それに対し、荘子にとっては、伝統や格式などは意味のないものかもしれません。大自然と一体になり、無常を説いていますから、特に形式的な伝統は取るに足らないものというわけです。そのような視点から『荘子』を眺めてみるのも一興ですね。

第七章　リーダーの条件——応帝王篇

みずからが正しくあってこそ

中山　いよいよ最後の「応帝王篇《おうていおう》」です。「応帝王」とは、帝王たるにふさわしいということですから、今風に言えばリーダーの条件ですね。人間が人為を捨てて自然のままに生きることを説いて、個人主義的な世界に遊んでいるかのような『荘子』ですが、個人の生活に大きな影響を及ぼす政治についてはどのように考えているか、興味のあるところです。

渡部　この「応帝王篇」の肩吾《けんご》と狂接輿《きょうせつよ》という人の問答に、こうありますね。「夫《そ》れ聖人の治は、外を治めんや。正《まと》ありて而《しか》る後《のち》に行わる、確乎《かっこ》として其《そ》の事を能《よ》くする者のみ」と。

中山　はい、「そもそも聖人の政治というものは、規範を立てたりして外を治めるものであろうか。いや、そうではない。まず内を治めてこそ、外もうまく治まるものだ。聖人の政治とは、ただしっかりと自分自身の仕事を果たしていくだけだ」ということですね。無為自然であれという『荘子』の考え方からすると、人為による外からの統治を否定するような意図があるのでしょうか。

渡部　「統治者自身が正しくあってこそ世の中も治まってくる」という点に限って言えば、古代の聖王である堯《ぎょう》・舜《しゅん》以来、孔子にも伝わる徳治主義の理想にも通じると言うことができそうですね。

中山　そうすると、国を統治するリーダーこそ、人間としてまず自分の内なる精神を修めよということですね。ただ、この一節だけではまだ抽象的ですので、さらに詳しく見ていくことにしましょう。

汝遊心於淡、合氣於漠、順物自然、而无容私焉、而天下治矣。

汝《なんじ》、心を淡《たん》に遊ばしめ、気を漠《ばく》に合わせ、物の自然に順《したが》いて私《し》を容《い》るることなければ、而《すなわ》ち天下治まらん。

「太平の世」と「乱世」を生き抜く原理

中山　これは天根《てんこん》という人物が「道」の体得者である無名人《むめいじん》に出会って、天下の治め方について教えを請うたときに得た回答です。

「おまえの心を無欲恬淡《てんたん》の境地に遊ばせ、気を空漠静寂の境地に合わせて、何事もその自然なあり方に従って私心を差しはさむことのないようにしたなら、天下は治まるだろう」と。

これを現代の為政者に当てはめれば、政治家が党利党略や個人的利権に絡んだ私心を政策に差しはさむのではなく、無私・無欲の心で自然なあり方に従って行動せよということでしょうか。

渡部　日本の場合、同じ無私と言っても少し感覚が違いますね。日本では「自分の利益のことは考えずに行う」ということでしょう。それに対し『荘子』の無私は、自分を含めてすべてが無に帰するわけです。

松下幸之助の講演を聞いたときに「無私でありなさい」ということを縷々《るる》おっしゃったのが思い出されます。国を興すのも無私でなければいかん、そうでなければ国を破ることもある、と。

その無私ということを考えたとき、日本で言えば昭和天皇だと思います。政治家と言ってはいけませんが……。

中山　確かに、敗戦のときの昭和天皇のご聖断やマッカーサーとの会見などは、無私とは何かを示す象徴的な逸話ですね。

渡部　結局、日本が本土決戦に向かおうとしていたときに、昭和天皇ご自身がポツダム宣言受諾の意向を示されたわけです。

本土決戦も辞さないという人たちは、国体護持のため、つまり天皇のためにと言っている。ところが天皇ご自身は「自分はどうなってもよい」ということなのです。「このような状態で本土決戦にのぞんだらどうなるか、私は非常に心配である。あるいは、日本民族は、みな死んでしまわなければならないことになるのではないか」と。

中山　一九四五年の敗戦の直後、マッカーサーを訪問されたときも「私はどうなってもいいが、天皇の名のもとに戦った人々を救ってほしい」ということだったわけですよね。マッカーサーはこのときの感動を、『マッカーサー回想記』にこう記しています。「私は大きい感動にゆすぶられた。死をともなうほどの責任、それも私の知り尽くしている諸事実に照らして、明らかに天皇に帰すべきではない責任を引き受けようとする、この勇気に満ちた態度は、私の骨のズイまでもゆり動かした。私はその瞬間、私の前にいる天皇が、個人の資格においても日本の最上の紳士であることを感じとったのである」と。ここに戦後の日本を立て直した道徳の原点があると思えるのです。

渡部　これは本当に無私の典型です。こんな無私の皇帝は、シナにはいたためしがない。ですから荘子の言う無私は、どこか哲学的でしょう。

中山　理想的と言うか、牧歌的ですね。

渡部　おそらくうんと昔、堯《ぎょう》・舜《しゅん》といった半神話的な時代には、小さな村のようなものがあったのでしょう。そこの村長は堯さんか舜さんか知りませんけど、非常に立派な人で、何もしなくても村がよく治まった時代は確かにあったのかもしれません。しかし国が大きくなれば、そんなことを言ってはおれんのですよ。

中山　ええ、村から国家への発展というのは、文明史的に見ても大きな変化が起こる転機となりえますね。

本学名誉教授の伊東俊太郎先生は、人類史上には五大変革期があったことを指摘しています。まず、人類が発生した「人類革命」。次に人類が食料を生産するようになる「農業革命」。そして大規模灌漑《かんがい》農業が成立し、農耕に従事しない都市人口を養うことができるようになった「都市革命」。それから、紀元前六世紀から後一世紀にかけて、孔子や釈迦《しゃか》、イエス・キリストといった人々によって深い体系的な思想が現れる「精神革命」。そして近代科学を創出した「科学革命」ですね。

重要なのは、「都市革命」の後に「精神革命」が起こっていることです。端的に言えば、「おらが村」でやっていればよかった農耕時代と違って、都市国家が興ると社会が階層化していろいろな人が入ってきますから、一つの村を治めるような牧歌的な考え方では立ち行かなくなるわけです。だからもっと広い普遍的な考え方というか、新しい思想的なパラダイムが必要になって、文化変容が起こったということではないか、と。

渡部　だから、シナ大陸では異民族が来れば必ず国を取るのです。孔子とか荘子とか、われわれが古代シナ文明と言っているものは周の文明ですね。周が国として滅んだ後、秦と漢の時代はある程度つながっていたかもしれませんが、後漢までに周の民族はほとんど消えているのです。

後漢の後は三国時代という戦乱の時代になり、さらには五胡十六朝と言って、五つの異民族が十六の王朝をつくるわけです。そんなところで無為の政治なんていうものが行われるわけがない。これはおそらく国が村みたいに小さくて、皆の仲がよかった時代の憧《あこが》れなのです。

中山　古きよき村社会の時代ということですね。

渡部　ええ、前に言いましたが、シナのこうした教えの中には「武」というものが正式に入ってこない。要するに『荘子』という本があっても、この中で説かれることはないわけです。

だから、この教えによって国を治めようとすると、「武」の原理をなくしてしまう。これは理想の世界においてはよいことですが、現実の世界では、キリスト教だってカール大帝がいなかったら、異民族に潰《つぶ》されていますね。アルフレッド大王がいなければ、イギリスはキリスト教国ではなくなっています。「武」という原理をどう取り入れるかが問題なのです。

中山　加えて、その思想を支えているのがどんな人かという点も問題ですよね。例えば、ギリシア哲学の担い手は哲学者で、その支持者はポリス（都市国家）の市民でした。仏教の場合は、インドの知識人であるバラモン（僧侶）が担い手で、このバラモン層と王族が支持者でした。シナの儒教の場合は士大夫という官僚層が中心で、為政者がその支持者でしたので、官僚制度を維持するには非常によかったとしても、戦国時代はどうだったかということですよね。

実際問題として、シナの春秋時代には孫子の兵法も生まれているのです。

渡部　そうです。日本でも、儒教がものすごく栄えたのは、やはり徳川幕府の時代です。というのも黒船が来るまでの日本は、「武」が完全に止まっているわけです。

中山　太平の時代に幕府の体制を維持するには、儒教が好都合だったのですね。

渡部　だから儒教が普及したのです。武士でも儒学の成績が悪いと役職につけないことがありましたし、民度も上がったと思います。

しかしそれだけでは、西洋の侵略勢力が来たとき、対抗する哲学が国にないことになる。

日本の場合はそれがありました。ラフカディオ・ハーンは「日本の神道は空気のようなもので、普段はその存在を意識されないが、いったん緩急あれば暴風にもなる」という趣旨のことを言っています。神道というものがなかったら、日清・日露戦争はできなかったでしょう。戦う原理を捨てていなかったわけです。

中山　今後も日本が平和であればいいと願うのですが、将来どうなるかは分かりませんね。

渡部　明らかに帝国主義の国が脇にいるのに「ただ心を正しくすればいい」だなんて、とてもじゃないけど言ってはいられません。

至人之用心若鏡。不將不迎、應而不藏。

至人《しじん》の心を用《もち》うることは鏡《かがみ》の若《ごと》し。将《おく》らず迎えず、応じて蔵《ぞう》せず。

長寿の秘訣

中山　最後に取り上げたいのが、荘子の「万物斉同《ばんぶつせいどう》」の思想を表しているこの一節です。

「最高の人の心の働きは鏡のようである。去るものは去るに任せ、来るものは来るに任せ、相手に応じてその姿を映しても、内に留めることはない」とあり、万物を差別せずに受け入れる境地を述べています。だからあらゆるものに応じながらも、そのことでわが身を傷つけることがない、というわけですね。

渡部　これは非常にいいですね。

「将《おく》る」というのは、すでに起こってしまったことをいつまでもくよくよと考えること。「迎える」というのは、まだ来ないことを心配すること。心配性の人はよくやりますよね。それから「応じて蔵《ぞう》せず」は、やって来た物事に対処したら、後は心にとどめておかないこと。これは長生きの秘訣《ひけつ》でしょうね。

宇野哲人《うのてつと》先生という東大の名誉教授が、この言葉をモットーとして色紙などによくお書きになったようです。また、『大漢和辞典』をつくられた諸橋轍次《もろはしてつじ》先生も宇野先生の教えを老境の心得とされたそうで、お二人とも九十八歳、九十九歳まで長生きをされました。

中山　これを日常生活に応用すると、嫌なことはいつまでも引きずらず、取り越し苦労をしない。ごたごたが起こっても、処理した後はすぐに忘れる。よく「この恨みは死んでも忘れない」と言う人がいますけど、そんなことに記憶力を使ってはもったいない。死んでも忘れない記憶力の持ち主なら、もっと楽しいことや有意義なことを忘れないために活用したほうが生産的です。

渡部先生も、これまで荘子のごとく「来るもの拒まず、去るもの追わず」で歩んで来られたわけですか。

渡部　私は前にも言いましたように、本当に、いろいろな反対勢力にも押しかけられましたが、授業妨害を受けてつるし上げられても「雁寒潭《がんかんたん》、雁寒潭」で乗り越えてきました。

中山　やはり名文句というのは心に残るだけでなく、生きる力にもなりますね。そしてそれをいったん心に刻んでおけば、事あるごとにそれが思い出され、勇気づけてくれるわけです。

渡部　体系的な学問では、そんなことはできませんよね。学生時代も「汝《なんじ》ら、明日を煩《わずら》うことなかれ」「今日の悩みは今日にて足れり」で、お金は全然なくても明日のことは心配しないように、とやって来ました。まあ結局、餓死はしませんでしたしね。

その意味では『荘子』のこの言葉、深甚でいいじゃないですか。締めくくりとして一番いいですね。

中山　そうですね。この対談を終えるのにふさわしい言葉となりました。

あとがき

私が個人的に荘子に興味を抱いたのは、意外なことに、専門分野の英文学研究がきっかけだった。十七世紀のイギリスの詩人ジョン・ミルトンが、聖書の『創世記』に基づき、その叙事詩『失楽園』で描いた自然を見ると、その自然描写には異質な側面が備わっているのに気づくことがある。人間が堕落する前の理想郷、「エデンの園」を描いているにもかかわらず、その自然界は外界からの侵入者を拒絶するだけでなく、園内に住むアダムとエバを悩まし、その労働を妨害する存在でもあるからだ。ミルトンの自然は、人間との「根源的紐帯《ちゅうたい》感」を前提とする日本人の自然とは、明らかに違って見える。その異質性を突き詰めてゆくと、西洋の文化的コンテクストにおける英語の「ネイチャー」(nature)と日本語の「自然」が、そもそもその概念からして根本的に異なる部分があるのではないか、という問題意識にたどり着くのである。もちろん、英語の「ネイチャー」と同様に、日本語の「自然」という言葉自体にも種々の意味があり、その意味にもさまざまな歴史的変遷が認められるけれども、両者は似て非なるものである。端的に言えば、日本語の「自然」という言葉には、ギリシア語の「ピュシス」(physis)を淵源《えんげん》とするヨーロッパの「ネイチャー」の訳語としての意味だけでなく、老荘思想を淵源とする「自《おの》ずから然《しか》る」という思想とが並存し混在しているのだ。

その老荘の思想が日本に渡来したのは、七世紀初めまでだと言われている。このように歴史が長いと、当然、荘子に対するとらえ方も多様化する。例えば、江戸時代前期の儒学者、山鹿素行《やまがそこう》(一六二二〜八五年)は、「配所残筆」という随筆で「老荘禅の作略は活達自由に候て、性心の作用、天地一枚の妙用高く明らか成るように存ぜられ候て……しかれども、今日の日用事物の上においては、さらに合点参らず候故……」と漏らしている。老子や荘子や禅の思想を学べば、天地と一つとなる境地にまで到達できるとしても、現実の日常生活に対処する具体的な道は一向に分からないというのである。要するに学問として老荘を学んでも、その目的は達成できるとは限らず、世間の諸事は別物だと自覚したのだろう。その後、素行は直ちにシナ西周王朝建国の功臣で儒家の尊崇する聖人の周公や孔子の書を見て、「これを手本に仕り候て学問の筋を正す」と肚《はら》を決めたのだった。儒学者がその聖学の本筋をつかんだ瞬間でもある。このような考え方に共感を覚える現代人の読者も少なくないだろう。

それに対し、明治三十一年に生まれ三十二歳で夭折《ようせつ》した哲学者で求道者の前田利鎌《とがま》は『臨済・荘子』（岩波文庫、一九九〇年）で、真の自由人とはどのような人物かを、臨済・普化《ふけ》などの禅門と荘子の中に追求している。そして禅門の「了事の凡夫」という言葉に、荘子のめざす「至人」を読み取っているのだ。このような多様でユニークな読み方ができるほど、荘子の思想は、その懐が深いということなのだろう。

『荘子』の本文の解釈についても同じことが言える。室町時代から江戸時代の前半は、宋の林希逸《りんきいつ》による『荘子鬳斎口義《けんさいこうぎ》』が盛んに用いられたが、荻生徂徠《おぎゅうそらい》学派以降は西晋期の郭象《かくしょう》注がよく読まれたという。それ以降、現代に至るまで、日本の学者による各自の注が続々とつくられるようになっているのは周知のとおりである。ちなみに筆者は、金谷治翻訳『荘子』第一冊内篇（岩波文庫、一九七一年）を中心に、池田知久翻訳『荘子』上全訳注（講談社学術文庫、二〇一四年）、竹内好・松枝茂夫監修、岸陽子翻訳『荘子――中国の思想』（徳間文庫、二〇〇八年）、森三樹三郎著『老子・荘子』（講談社学術文庫、一九九四年）などを参考にした。

今回の渡部先生との対談は、『読書こそが人生をひらく――「少」にして学び、「壮」にして学ぶ』（二〇一〇年）と『人間力を伸ばす珠玉の言葉――箴は鍼なり』（二〇一一年）に続き、四年ぶり三冊目となる。私はすでに還暦を過ぎているが、渡部先生はその私よりもさらに二十二歳も年上でいらっしゃる。対談は、まるで大学生が指導教授の胸を借りて指南を受けるような充実したひとときであり、このような機会を提供してくださった渡部先生には心より感謝している。先生との対談の醍醐味《だいごみ》は、どのような話題を持ち出しても、それをさらに深め、発展させる形で応じてくださることだ。言うまでもなく、十五万冊を超える蔵書があり、古今東西の思想に精通しておられる渡部先生とは違い、私の『荘子』解釈は「蜩」が「大鵬」を語るようなものかもしれないが、その点は「逍遥遊《しょうようゆう》」の世界での対談としてご寛恕願いたい。

最後に、この対談のきっかけをつくってくださった廣池学園理事長の廣池幹堂先生、対談のアレンジや編集の労を執っていただいた公益財団法人モラロジー研究所出版部の藤井大拙氏と安江悦子氏に感謝の意を表したい。

平成二十七年九月　胡蝶を夢見て

中山　理

【著者略歴】
渡部 昇一（わたなべ・しょういち）
昭和5（1930）年、山形県に生まれる。昭和30年、上智大学大学院西洋文化研究科修了後、独ミュンスター大学、英オックスフォード大学に留学。Dr. phil., Dr. phil. h.c.（英語学）。上智大学教授を経て、上智大学名誉教授。その間、フルブライトのヘイズ法によるアジアよりの訪問教授のプログラムにより、米国ニュージャージー、ノースカロライナ、ミズリー、ミシガンの4州6大学において半学期ずつ講義。昭和51年、第24回エッセイストクラブ賞、昭和60年、第1回正論大賞受賞。平成6年、ミュンスター大学より名誉哲学博士号を授与される。著書に『英文法史』（研究社）等専門書のほか、『知的生活の方法』（講談社現代新書）、『知的生活を求めて』（講談社）、『昭和史』（ビジネス社）、『「パル判決書」の真実』（PHP研究所）、『「東京裁判」を裁判する』『読書有訓』（以上、致知出版社）、『日本人の品格』（ベスト新書）、『税高くして国亡ぶ』『日本の歴史』シリーズ（以上、ワック）、『読書こそが人生をひらく』『人間力を伸ばす珠玉の言葉』『日本再生と道徳教育』（共著、モラロジー研究所）など多数。近著に『渡部昇一 青春の読書』（ワック）がある。

中山　理（なかやま・おさむ）
昭和27（1952）年、三重県に生まれる。上智大学大学院英米文学専攻博士後期課程修了。エセックス大学、エディンバラ大学留学。現在、麗澤大学学長。博士（上智大学・文学）。著書に『イギリス庭園の文化史』（大修館書店）、*The Images of Their Glorious Maker : Iconology in Milton's Poetry*（Macmillan Language House）、『挑発するミルトン』（共著、彩流社）、『読書こそが人生をひらく』『人間力を伸ばす珠玉の言葉』（共著、モラロジー研究所）、『日本人の博愛精神』（祥伝社）、*Happiness and Virtue Beyond East and West*（共著、Tuttle Publishing）ほか。訳書にアーネスト・T・シートン著『二人の小さな野蛮人』（秀英書房）、ジェニファー・スピーク著『キリスト教美術シンボル事典』（大修館書店）、R・F・ジョンストン著『〈完訳〉紫禁城の黄昏（上・下）』、ジョン・B・パウエル著『「在支二十五年」米国人記者が見た戦前のシナと日本（上・下）』、C・チェスタトン著『アメリカ史の真実』、『原勝郎博士の「日本通史」』（以上、祥伝社）など多数。監訳書にサム・フォール著『ありがとう武士道』（麗澤大学出版会）がある。

荘子に学ぶ　明鏡止水のこころ

平成27年12月10日　初版発行

著 者　渡部昇一／中山　理

発 行　公益財団法人 モラロジー研究所
〒277-8654 千葉県柏市光ヶ丘2-1-1
TEL.04-7173-3155（出版部）
http://www.moralogy.jp/
発 売　学校法人 廣池学園事業部
〒277-8686 千葉県柏市光ヶ丘2-1-1
TEL.04-7173-3158
印 刷　横山印刷株式会社

ISBN978-4-89639-250-0